这才是孩子读得懂的经济学

马 方◎著 王 勐◎绘

航空工业出版社
北 京

内容提要

本书以动物们的视角为孩子们讲述经济学的相关知识。通过描写动物王国里发生的各种好玩且离奇的小故事，用孩童的语言，形象地向小读者解释日常生活中的经济现象，帮助他们用经济学的思维方式去认识世界，从而更好地成长。书中还设置了诙谐的互动问题，以启发小读者思考，达到学以致用的效果。

图书在版编目（CIP）数据

这才是孩子读得懂的经济学 / 马方著；王勐绘 .

北京：航空工业出版社，2024. 11.

ISBN 978-7-5165-3855-5

Ⅰ . F0 - 49

中国国家版本馆 CIP 数据核字第 2024QM2413 号

这才是孩子读得懂的经济学

Zhe Caishi Haizi Dudedongde Jingjixue

航空工业出版社出版发行

（北京市朝阳区京顺路 5 号曙光大厦 C 座四层　100028）

发行部电话：010-85672688　010-85672689

河北赛文印刷有限公司印刷　全国各地新华书店经售

2024 年 11 月第 1 版　2024 年 11 月第 1 次印刷

开本：710 × 1000　1/16　字数：150 千字

印张：12.5　定价：88.00 元

目录

第一章 经济学家的脑袋

1 无限魔法城堡 …… 02

拥有的太少怎么办？ …… 07

2 永远抓不到的小偷 …… 09

为什么多多不益善？ …… 15

3 牛粪“变形”记 …… 17

交换并不等价 …… 21

4 绵羊买青草 …… 23

价格是商家自己制定的吗？ …… 28

5 看不见的手 …… 30

“市场”是一支神奇的指挥棒 …… 34

6 时间胶囊 …… 36

不劳而获会怎样？ …… 42

7 免费的午餐 …… 44

天下没有免费的午餐 …… 49

8 神奇的果树 …… 51

路边的李子为什么是苦的？ …… 57

9 用“诡计”分苹果 …… 60

怎样分东西？ …… 63

10 萝卜地里长“钱”啦 …………………… 65
创造财富的密码 ………………………… 69
11 “千里耳”白猫被老鼠耍了 …… 71
做事要好好“算账” ………………… 75
12 抓老鼠换鱼 ………………………… 77
比较优势 ……………………………… 81
13 小猴子又下山了（一） ………… 83
梦想太多怎么办? ………………… 86
14 小猴子又下山了（二） ………… 88
黑猫为什么选择当“警长”？ ……… 92

15 森林开大会再也不用喇叭了 …… 94
制度的作用 …………………………… 97
16 小马求表扬 ………………………… 99
经验是储蓄在大脑
里的“参考答案” ………………… 102
17 独木桥上，山羊碰到了老虎…… 104
握手言和还是短兵相接? ………… 107
18 傻兔子才会和乌龟赛跑 ………… 109
找对手和找朋友一样重要 ………… 111

第二章 钱

1 小猪成了“节约大王” ………… 114

钱该怎么花？ …………………… 118

2 白鹤姐妹与馋嘴猫 ………… 120

为什么要储蓄？ ……………… 123

3 把鱼存进银行 ………………… 125

银行是会魔法的超级储蓄罐 ……… 128

4 馋嘴猫成了鱼塘老板 ………… 130

银行赚钱的秘密 ……………… 133

5 老虎币“寻亲” ……………… 135

通货膨胀：钱不值钱了 ……… 140

6 苹果国、香蕉国和橘子国 …… 142

国与国之间怎么做生意？钱也有价格吗？ ……… 145

7 绵羊的“份子钱” …………… 147

纳税——国家帮你花钱 ……… 150

第三章 有趣的商业世界

1 蜘蛛的“1 元店”终于赚钱了 …… 154

什么是商业模式？ ……………… 157

2 嘟嘟猫卖迎宾猫 …………………… 159

为什么要打广告？不“打”不相识！ …………………… 163

3 猪爸爸有个好主意 …………………… 166

你会超市购物吗？ …………………… 172

4 大嘴猫逛超市 …………………… 175

超市里的“把戏” …………………… 180

5 商店里有“诱饵” …………………… 182

东西太多如何选择？ …………………… 185

6 双胞胎兔子的卖菜比赛 …………………… 188

识破商家的价格“戏法” …………………… 193

第一章

经济学家的脑袋

经济学里有一个幸福公式：幸福 = 拥有 ÷ 欲望。这告诉我们，要想获得幸福可以朝两个方向努力。一个是增加财富的数量，但无论是物质财富，还是精神财富，多到一定程度就会出现边际效用递减现象，让人感受不到幸福的增加。这时，人们就要往另一个方向努力，通过降低欲望来提高幸福值。如果我们永不知足，变成了欲望的俘虏，拥有得再多也不会感到幸福。所以说，人类缺少的不仅是财富，还有对待欲望的心态。

1 无限魔法城堡

一位魔法师在森林里建造了一座城堡，城堡里有一个魔法工厂，可以生产各种各样的东西，东西多到“无限”，所以取名：无限魔法城堡。魔法师向所有动物宣称，只要进入城堡，就可以梦想成真。

大家都跃跃欲试，但又不知道魔法师的真实意图，也不清楚城堡里会不会有危险。虽然很感兴趣，但大家也只是你看着我，我看着你，谁也没有先行动。

最终，身手敏捷的长尾猴自告奋勇地前去探路。长尾猴攀上城堡边上的大树，抓着树枝轻轻一跃就进了城堡。刚一进去，眼前的景象就让它大吃一惊：城堡里摆满了大大小小数不清的货架，光货架就有 1 万个，不，至少有 10 万个；哦不，100 万个也不止。货架上摆满了各式各样的东西，除了几种水果外，其他的东西，长尾猴见都没见过。

“欢迎你，长尾猴，恭喜你成为无限魔法城堡的第一位客人。”魔法师突然出现在长尾猴的面前，“我叫汤尼，说出你的愿望吧，我可以帮你实现。”

长尾猴先是被吓了一跳，接着半信半疑地问道：“真的吗？我想要一篮子又大又甜的香蕉，我最喜欢吃香蕉了。”

“没问题，请跟我来。”汤尼从货架上挑了一只大篮子，篮子里装满香蕉，微笑着送给了长尾猴。

离开城堡前，汤尼邀请长尾猴参观了他的魔法工厂。工厂很大，里面放着数不清的、稀奇古怪的机器。长尾猴好奇地东张西望，眼睛都不够用了。汤尼告诉长尾猴，这些机器会魔法，能造出任何东西。

大开眼界的长尾猴，回去后立刻就把自己在城堡里的所见所闻，绘声绘色地说给大家听。这下，动物们才相信，魔法师真的可以帮它们实现愿望，便争先恐后地涌进城堡。

小猫说："我想要一张柔软有弹性的床，这样我每天晚上就能睡得舒服。"

小马说："我想要一把梳子，这样可以梳掉我身上的干泥巴和杂草。"

大象说："我想要一台净水器，这样我就可以喝到干净卫生的水了。"

"没问题，我的魔法工厂已经造出这些东西了，它们就在货架上躺着呢，跟我去拿吧。"汤尼兑现承诺，帮大家实现了愿望，并且热情地说，"欢迎你们再来呀！"实现愿望的动物们喜滋滋地离开了城堡。

没过多久，动物们又有了新的愿望，它们结伴去找汤尼。小猫说："汤尼，你可以再帮我实现一个愿望吗？我希望那张床不仅睡起来舒服，还想要床单和被子上有鱼的图案，这样我睡觉的时候也能有吃鱼的美妙感觉。"

小马说："汤尼，上次你送给我的那把梳子好是好，但是太不智能了，你能给我一把可以自动梳理马鬃的梳子吗？"

大象说："汤尼，你送我的净水器真棒，可惜净水器太大了，只能放在家里。我想要一只可以安装在鼻子里的袖珍净水器，这样我走到哪里都可以喝到干净卫生的水。"

…… ……

"没问题，我现在就让魔法机器工作，它们很快就能造出来。”汤尼闭上眼睛，轻声念着神秘的口诀，那些魔法机器立刻运转起来。不到半顿饭的时间，大家想要的东西全都有了。

没过多久，动物们又来到了城堡。

小猫说：“汤尼，你可以再帮我实现一个愿望吗？我希望你送我的那个印着鱼的被子，是一个美梦制造器。当我想做美梦的时候，就按一下按钮。按钮要有几种颜色，按红色按钮会做享受美食的梦，按黄色按钮会做快乐玩耍的梦，按蓝色按钮会做……哦，我还没想好呢！”

小马说：“嗨，汤尼，帮我找一位手艺最棒的理发师吧，我想打扮得漂漂亮亮的，成为森林里最帅气的马。”

大象说：“魔法师先生，我希望安装在鼻子里的净水器，它能够把水变成饮料……”

汤尼二话不说就帮大家实现了愿望，动物们再次欢呼着离开了城堡。

…… ……

从此，动物们便坚信魔法工厂真的可以生产出任何东西，想要什么就

能造出什么。它们觉得魔法师汤尼实在太富有了，什么也不缺。

不久，动物们又来到了城堡，它们有了新的愿望。小猫想到月亮上找兔子玩游戏；大象呢，它想长出一对白色的翅膀，像小鸟一样飞翔……

“魔法师一定会帮助我们实现愿望的！”动物们憧憬着，等待着。但汤尼并没有像往常一样及时出现。大家都在猜测，汤尼是不是正在魔法工厂里干活呢？于是大家就去工厂里寻找。可是，汤尼并不在那儿，工厂里所有的机器都停止了工作，有的机器还冒着烟。大家不知道发生了什么，又分头去城堡里寻找。

这时，小猫突然指着大大小小的货架，惊叫道：“你们快看，货架全空了，这是怎么回事？”大家这才注意到，原来琳琅满目的货架上，只剩下了看不见的空气。

“这里有一封信！”一只动物叫道。大家都围过去看信，信是汤尼写的：

再见了，我亲爱的动物朋友们，当你们看到这封信的时候，我已经离开了这里。

我本以为可以帮你们实现无限多的愿望，可是现在我发现，这个想法太天真了。因为愿望是无穷无尽的，旧的愿望实现了，又会有新的愿望。愿望越来越多，越来越难制造。我的魔法工厂没日没夜地开机生产，还是无法满足你们的新愿望。机器已经坏了，再也无法制造任

何东西。你们缺的是各种各样的东西，而我的魔法工厂缺的是生产东西的时间。

还有，你们觉得我很富有，什么都不缺。其实，告诉你们一个秘密吧！因为我很孤单，所以我才要在森林里建一座魔法城堡。然而，我的魔法工厂能造出任何东西，却造不出友谊。我希望魔法城堡可以为我带来朋友，可是你们从来都不关心我，只是想让我不停地满足你们的愿望。我伤心极了！

信不长，大家的心情却很沉重。这时，那一排排的货架开始消失，魔法工厂也开始消失，整个城堡都在慢慢消失……

大象感慨地说：“我明白了。原来，真正无限的，不是无限魔法工厂，而是我们无穷无尽的愿望。”

拥有的太少怎么办？

孩子们，你们知道人类最根本的矛盾是什么吗？就是资源有限和欲望无限之间的矛盾——拥有的太少，想要的太多。

周末，你想去公园坐游船，也想去海洋馆看动物表演，还想在家看动画片。唉，时间不够分呀！你想买两支冰激凌，可是钱只够买一支。唉，钱不够用啊！你选择上这所学校，就不能上别的学校。唉，机会也是一道单选题呀……

时间、财富、机会、健康、友谊、快乐……人们不是缺这个，就是缺那个。满足了这个欲望，又出现了那个欲望，人类在欲望中不知不觉就创造了人类文明。比方说，人类有两条腿，但是走路太慢太累，满足不了去远方的欲望，于是发明了交通工具。

经济学里有一个幸福公式：幸福 = 拥有 ÷ 欲望。这告诉我们，要想获得幸福可以朝两个方向努力。一个是增加财富的数量，但无论是物质财富，还是精神财富，多到一定程度就会出现边际效用递减现象，让人感受不到幸福的增加。这时，人们就要往另一个方向努力，通过降低欲望来提高幸福值。如果我们永不知足，变成了欲望的俘虏，拥有得再多也不会感到幸福。所以说，人类缺少的不仅是财富，还有对待欲望的心态。

引申思考

为什么人们常说：自己的愿望是拥有“两朵花”，一朵叫“有钱花”，另一朵叫“随便花”，这反映了什么现象？

知识延伸 | 欲壑难平

释义：形容欲望像深谷一样，很难填满。

解读：良性欲望使人进步，恶性欲望让人毁灭。

2 永远抓不到的小偷

“丁零零，丁零零……”一大早，动物警察局的报警电话就响个不停。森林王国的很多动物都报了警。有的说小偷藏在自己的玩具里；有的说小偷藏在自己的盒子里；有的说小偷藏在自己的衣服里；还有的说小偷藏在老师的嘴巴里。

“不好了，不好了，动物王国出现了很多小偷。”黑猫警士急忙向白猫警长报告。

白猫警长火冒三丈，狠狠地拍了一下桌子：“竟敢在我的地盘上胡来，简直不把我放在眼里，看我怎么收拾它们。”黑猫警士附和着说：“对，这些家伙一个也别想逃掉！”

白猫警长和黑猫警士先来到灰兔子家，它是第一个打报警电话的动物。灰兔子说，昨天它用零花钱买了一个玩具，然后喊好朋友白兔子一起玩。它们可喜欢这个玩具了，一直玩到天亮。道别时，灰兔子同意让白兔子把玩具带回家，第二天再带出来一起玩儿。可是今天早上，

它们又聚在一起玩的时候，灰兔子发现玩具没有昨天那么好玩了。

“一定是你偷走了玩具里好玩的东西。”灰兔子抓着白兔子不放，还扬言要和白兔子断交。

“你胡说！”白兔子一口咬定自己没偷东西，是灰兔子冤枉了它。

灰兔子不信，严厉地质问道：“只有你和我碰过玩具，不是你偷的，难道玩具里好玩的东西自己长脚跑了吗？”

白兔子答不上来，一着急，泪珠不争气地挂在了脸上。听完两只兔子的陈述，白猫警长和黑猫警士戴上白手套，把玩具上上下下、里里外外细致地检查了几遍，但是并没有发现被偷的痕迹。

到底是谁偷走了玩具里好玩的东西？白猫警长和黑猫警士很纳闷。

随后，它们又来到了小狗家。小狗一看到它们，就指着桌上的盒子，轻声地提醒说：“嘘——小偷藏在盒子里，别惊动它，快把它抓起来！”

“看你往哪跑！”黑猫警士眼疾手快，用网兜一把罩住盒子。

小狗讲述了自己遭遇小偷的经过。事情是这样的：小狗在业余劳动抓耗子竞赛中获得了第一名的好成绩，奖品是一盒美味的牛肉。这是小狗第一次得到牛肉，它开心极了。它吃了一片感觉太美味了。要不是妈妈阻拦，它恨不得一口气把一盒牛肉全吃光。到了第二天，小狗吃第二片牛肉时，却发觉好像没有第一天那么好吃了。第三天也是这样。到了第四天，小狗咬了一小口就不想吃了。它气愤地说："一定是可恶的小偷，偷吃了牛肉里面好吃的东西，你们快把它抓起来吧！"

白猫警长和黑猫警士又戴上白手套，把牛肉盒子里里外外仔细地检查了几遍，并没有发现什么线索。它们把牛肉带回警察局交给法医解剖，但还是没有任何发现。

小偷到底藏哪去了？白猫警长和黑猫警士没有答案。

接着，白猫警长和黑猫警士又来到了小马家。小马的生日到了，妈妈给它买了一件新衣服。小马喜欢得不得了，穿着它在树林里"嗒嗒嗒"地跑，热情地展示给玩伴们看。可是没过几天，小马就觉得新衣服不像刚穿时那么好看了，自己也没那么高兴了。

它想，可能是有个小偷藏在衣服里。小偷把新衣服里让它快乐的东西，像蚂蚁搬家一样，一点点偷走了。白猫警长和黑猫警士戴上白手套，把小马的新衣服翻了个遍。细心的白猫警长连衣服上小小的针脚也不放过，用放大镜挨个儿检查，但是连小偷的影子也没找着。

难道小偷像水汽一样蒸发了不成？白猫警长和黑猫警士实在想不通。但最让白猫警长困惑的是，小牛说小偷藏在老师的嘴巴里。这是怎么回事呢？起因是这样的：小牛很勤劳，总是抢着打扫班级卫生，老师可没少夸奖它，还号召大家向它学习。但是很快就出现了一个奇怪的现象——老师的夸奖无法让小牛像以前那样开心了。小牛想啊想，突然跺了一下蹄子，自言自语道：一定是有个小偷藏在老师的嘴巴里，把老师夸奖里让我开心的东西偷走了。

白猫警长和黑猫警士找到小牛的老师大水牛，并让它张开嘴伸出舌头，然后戴上白手套，用手电筒在水牛的嘴里照来照去，但还是一无所获。

白猫警长和黑猫警士忙了一通，却一点收获也没有，小偷好像蒸发了一样。白猫警长不甘心，让黑猫警士在森林里张榜悬赏：诚寻破案高手，凡协助动物警察局抓捕神秘小偷者，奖励 10000 元，并赠送百果宴会门票一张。聪明的猩猩、机灵的猴子、听觉出众的大象和好眼力的猫头鹰，大家拿着悬赏公告来到动物警察局，自信满满地保证说：小偷一个也跑不掉！白猫警长很开心，还预祝它们凯旋。可是，怎么也没料到，这些揭榜者最后全都垂头丧气地回来了。

猩猩说：“我推断灰兔子玩具里好玩的东西，可能是白兔子偷的，也可能不是白兔子偷的。”

猴子说："小狗的牛肉盒子里有可能藏着嘴馋的小偷，也可能没有小偷。"

…… ……

到底是什么样的小偷，难住了厉害的白猫警长和黑猫警士，又让这么多拥有独特本领的民间大侦探束手无策？

就在大家一筹莫展的时候，警察局的门被推开了，戴着眼镜的经济学家狐狸走了进来。

"狐狸先生，你也是被偷了东西，来报警的吗？"白猫警长无精打采地问。

"我没有被偷东西，我是来帮你们抓小偷的，我知道小偷是谁！"狐狸先生晃了晃手中的悬赏公告。

白猫警长和黑猫警士猛地站了起来，激动地齐声问道："它是谁？"

"如果说它是小偷，那你们永远也抓不到！"狐狸先生不急不慢地说。

"那它到底是谁？"黑猫警士急切地追问。"它的名字很长，有6个字。"狐狸先生卖了个关子。

"你快说小偷是谁吧，狐狸先生，我们急着知道答案。"白猫警长和黑猫警士催促着。

"好吧，现在我就告诉你们小偷是谁。"狐狸先生从包里拿出一本名叫《经济学原理》的书，翻到其中的一页，一字一句地说，"它的名字叫——边际效用递减。"

“名字咋这么长，是个外国小偷？”白猫警长没记住。

“您可真逗！”狐狸先生“扑哧”一笑，解释说：“边际效用递减是一种现象，简单地说，它是指东西带给我们的感受，会随着享用数量的增加而逐渐减少。举个例子，小狗第一天吃牛肉时，快乐的感觉是最多的。但是第二天再吃同样的牛肉，就不如吃第一块时那么快乐。以此类推，越吃越不想吃，到最后呢，可能都不再看一眼。不但吃东西是这样，其他事物也一样，玩新玩具、穿新衣服和被老师夸奖带来的开心感觉，都会随着数量的增加而逐渐减少。”

听到这儿，白猫警长和黑猫警士恍然大悟，原来困扰它们的神秘小偷不是真的小偷，而是一种感受。白猫警长紧紧握住狐狸先生的手，感谢它用经济学原理帮助自己破了案。

为什么多多不益善？

喜欢吃炸鸡腿的你，一天时间里连吃几个，肯定觉得一个不如一个好吃。但这不是鸡腿的错，而是随着吃鸡腿数量的增加，你感受到的快乐越来越少。这就是经济学最重要的思想之一——边际效用递减。

怎样降低它的影响呢？那就是增加消费的间隔时间。比如，中餐吃了鱼，晚上再吃鱼，肯定就觉得没中午那么美味了。但是隔几天再吃呢，美味的感觉又回来了，间隔的时间越长效果越好。

引申思考

爸爸、妈妈和奶奶分别给你准备了生日礼物。

A. 爸爸的礼物：1 个玩具和 1 件衣服

B. 妈妈的礼物：2 个玩具

C. 奶奶的礼物：2 件衣服

假设你对玩具和衣服的喜欢程度一样，并且只能收下其中一个人的礼物，你会选择谁呢？说说为什么要这样选。

知识延伸 | 锦上添花、雪中送炭

释义： 锦上添花——为色彩鲜艳的丝织品绣上花朵，比喻美上加美。

雪中送炭——下雪天给人送炭取暖，比喻在别人遇到困难时及时提供帮助。

解读： 按照边际效用递减原理，在已经很漂亮的丝织品上绣上美丽的花朵，最后也只是好看了“一点点”，当然不如雪中送炭让人感受强烈。

3 牛粪“变形”记

水牛听主人说过一件事：有个人类小伙子很有创意，他用一根曲别针，通过和陌生人的物品交换，最后得到了一栋豪华别墅。这可真够神奇的，水牛也想试试。

拿什么进行交换呢？“多如牛毛！”水牛突然想起这句成语，于是拔下一根即将脱落的牛毛，得意地说，“哈哈，就用牛毛去交换别的东西吧。”

水牛请来朋友们，向它们宣告：“我打算用这根牛毛开启我的换物计划，以 3 天为限，看看最后能换到什么。”

大家惊呆了，纷纷瞪大了眼，问它是不是得了“疯牛病”？不过大家也都挺佩服水牛的，鼓励它勇敢尝试。毕竟梦想还是要有的，万一实现了呢！大家都帮着水牛做宣传，可是没有一只动物来找水牛交换。

“我又不是一头名牛，谁会稀罕我的一根毛呢，它对大家有什么用处呢？”水牛琢磨了一番，决定改用牛粪进行交换。

水牛最好的朋友黄牛知道后哈哈大笑，然后斩钉截铁地说：“我说水牛啊，你可是真牛，谁会用好东西换你一泡牛粪呢？恐怕

谁都不愿这么做吧！”可是水牛自信地说：“那可不一定，你等着瞧吧！”

果然，一匹马找水牛来了。“我的铁匠主人想用一只精美的铃铛换你的牛粪，好给庄稼施肥，你愿交换吗？”马抖动着背上的包裹，发出“当当”声。水牛盘算着：虽然铁匠的铃铛没多大价值，不过，我可以用它继续交换别的东西。

“成交！”水牛愉快地说。

牛粪成功地换成了铃铛，水牛和朋友们大受鼓舞，对下一次交换充满了期待，也更卖力地帮水牛宣传。很快，牧羊犬找上门来，对水牛说：“我的工作是放羊，如果我的脖子上挂着铃铛，‘叮当叮当’地响，绵羊群就能更好地跟随我。我打算用一件羊毛衫换你的铃铛，你愿意吗？”水牛正缺一件暖和的羊毛衫，于是就爽快地答应了。

接着，黑猫来了，说：“我的主人有很多无暇打理的田地，长满了肥嫩的青草。他愿意用其中一亩荒地十年的使用权来换你的羊毛衫。如果你同意，现在就可以签约！”水牛立刻答应了。它想着，这样一来，自己在未来的十年内就可以尽情品尝美味了，而代价只是用铃铛换来的一件羊毛衫，真是太划算了！而小猫想，没花一分钱就为主人请来了“除草机”，还倒挣了一件衣服，简直赚大了！

水牛的物品交换计划还在继续，《动物世界报》对这个大胆又新奇的行为很感兴趣，派记者采访了水牛，并在报纸上推出有奖竞猜活动：猜测水牛最后换到的东西，答案最接近的读者可以获得一份神秘礼品。报道发出后，想和水牛进行交换的动物更多了。经过一番比较，水牛把交换来的闲置荒地转租给了一位十分富有的地产商。地产商准备在荒地上盖一排带空调的房子，然后出租给动物的主人们。而作为交换的条件，水牛可以免费住三年。水牛对新居充满了期待，满心欢喜地答应了。

用牛粪间接换到了一栋新房的三年居住权，这个结果让水牛和它的朋友们觉得不可思议，但这就是事实。《动物世界报》的读者们同样惊诧不已，纷纷给报社写信提出自己的疑问：为什么大家愿意用“昂贵”的东西去交换“廉价”的东西，这不明摆着吃亏吗？

是啊，连记者也弄不明白，于是去采访参与交换的动物们，可是它们却说每一次交换都很划算，因为换来的东西是自己想要的。

距离换物计划的最后期限就差几分钟了，水牛和朋友们准备好好庆祝一下，以此来纪念这次伟大的创举，并准备启动第二轮换物计划。就在这时，一只屎壳郎推着牛粪球向它们滚了过来。

“我天天吃牛粪，光顾着贪嘴了，没想到这还能换到各种各样的宝贝，真是大开眼界啊！”屎壳郎把牛粪球推到水牛脚下，问道，“你看这坨粪球的造型好看吗？我打算用这坨造型好看的牛粪球，开始我的换物计划。”

水牛听了很慌张，害怕正在筹划的第二轮换物计划被屎壳郎搅黄了，于是改变了语气说：“既然你来了，那我们也做个交换吧？”

“好啊，交换什么呢？”屎壳郎趴在粪球上。

“我不是换来了房子的三年居住权嘛，现在我打算用它交换你的牛粪球，你愿意吗？”

“什么？用空调房换这个牛粪球？我没听错吧？”屎壳郎先是一惊，接着笑得前仰后合，把牛粪球的碎屑弄得乱飞。等它确认水牛不是在开玩笑后，便立刻同意了。

就这样，水牛用自己的一泡牛粪换来了不同的东西，最后又换回了牛粪球。但是在这个过程中，大家都获得了对自己来说更有价值的物品。只是，《动物世界报》的读者们，谁也没猜中这个离奇的结局。

后来，因为各种原因，水牛和朋友们没再进行第二轮换物计划，屎壳郎的牛粪球永远地留在了水牛手中，大家觉得它忙乎了半天却一无所获，真是亏大了。可是水牛把这次换物经历写成了一部励志小说，出版后轰动了动物世界，一时间洛阳纸贵。水牛用丰厚的稿费买下了一套空调房，从免费三年的租客变成了货真价实的房主。

交换并不等价

你是否认为，水牛每一次都是用没什么价值的“小”东西，换来了更有价值的“大”东西，而与水牛交换的另一方是亏本的？其实并非如此。

因为这是在自愿的前提下，交易并不等价，但是双赢。你愿意用 10 元钱买（换）一个玩具，是因为在你眼里，玩具比 10 元钱更有价值；对方则恰恰相反，觉得 10 元钱比玩具更有价值，所以皆大欢喜。如果交换是等价的，交换完了彼此都没有获得什么好处，那还换它干什么，不是多此一举吗？

在经济学的定义里，物品的价值不是它的使用价值，而是这种物品在需求者心里的价值。一件物品，人们越是需要它、喜欢它，它的价值就越大，反之就越小，甚至没有价值。

比如，牛粪对水牛来说无用，但却可以给铁匠的庄稼施肥。一只铃铛对铁匠来说价值就不大，因为他可以用很小的代价制作出很多。但水牛因为没有铃铛，又觉得牛粪没有价值，所以觉得铃铛的价值比牛粪大。可见，同样的牛粪和铃铛，在不同的交换者眼里，价值是不同的。它们通过交换，彼此获利。正因为如此，交易让物品流向了更能发挥价值的地方。

引申思考

动物们遇到凶残的鳄鱼会躲得远远地，唯独牙签鸟，它不但不害怕，还会飞到鳄鱼的嘴里去吃残留的食物，真是胆大包天！而奇怪的是，鳄鱼从不伤害它，而且还很配合。从“双赢”的角度想一想，这是为什么呢？鳄鱼和牙签鸟在做什么交易？留意鸟的名字，有助于找到答案哦。

知识延伸 | 互利共赢

释义：双方合作，使彼此之间都能够获得利益。

解读：交易只要不是被逼的，就是各取所需，大家都是受益者。

4 绵羊买青草

绵羊对鹦鹉说："你别学我说话。"

鹦鹉回答："你别学我说话。"

绵羊说："哈哈，你是复读机吗？"

鹦鹉回答："哈哈，你是复读机吗？"

绵羊灵机一动："绵羊，你今天真好看！"

鹦鹉回答："哈哈，你是复读机吗？"

…… ……

绵羊喜欢和鹦鹉在一起玩儿，鹦鹉也喜欢和绵羊一起玩儿，它们经常这样打趣对方。有一天，鹦鹉听到这样一句话：著名经济学家保罗·萨缪尔森说过，只要能教会一只鹦鹉说"供给"和"需求"两个词，它也能成为一名经济学家。好奇的鹦鹉很想知道经济学家是干什么的？是不是和好朋友绵羊一样可爱？而"供给"和"需求"又是什么东西？它反复练习，不仅学会了这两个词，还兴致勃勃地钻研起了经济学。经过不懈的努力，鹦鹉果真成了睿智的经济学家。

"祝贺你成为经济学家。"绵羊为好朋友感到高兴。

鹦鹉对绵羊说："我打算开一家咨询公司，专门为大家答疑解惑。"

绵羊很赞成鹦鹉的想法，说以后遇到不懂的问题也会去请教它。

这天，绵羊妈妈很忙碌，让绵羊买 1 袋青草回来包饺子。绵羊爽快地答应了，它经常和妈妈一起去菜市场，对买东西一点也不陌生，心想：这有什么难的，把钱交给卖东西的人，再把买的东西拿回家不就行了嘛！在绵羊出发前，绵羊妈妈又交代了几句。

到了菜市场，看到有 3 个青草摊。绵羊走到第一个青草摊前，问青草多少钱，水牛回答说：“我的青草今天早上刚割回来，又嫩又新鲜，1 袋只要 2 元。”绵羊正要掏钱，突然想起出门时妈妈说的话。妈妈叮嘱它要货比三家，比比谁家的东西又好又便宜，不要急着买。于是绵羊又走到第二个青草摊前询问价格，黄牛回答说：“我的青草不打农药，非常健康，1 袋只要 2.5 元。”绵羊接着来到第三个青草摊前，奶牛说：“我的青草最可口，1 袋只要 1.5 元。”水牛、黄牛和奶牛卖的青草，看起来差不多，但奶牛的价钱最便宜，绵羊决定买奶牛的青草。

妈妈夸绵羊做得不错，绵羊听了很开心，还说以后要经常帮妈妈买青草。绵羊还真是个说话算数小羊，第二天早晨它又来到了菜市场。卖青草的还是水牛、黄牛和奶牛，绵羊照例一家家问价钱。这一次，三家的青草都要 3 元 1 袋。绵羊很奇怪：

为什么大家卖的青草都比昨天贵？

巧了，绵羊碰到了刚好也在逛菜市场的好朋友鹦鹉，于是便向它请教。

鹦鹉问：“昨天有几个在卖青草，又有多少动物来买青草呢？”

绵羊说：“昨天和今天一样，都是水牛、黄牛和奶牛在卖青草，但昨天买青草的只有我一个。”

鹦鹉说：“这就对了呀，卖青草的动物和昨天一样多，但是你看，今天来买青草的动物却多了。当买家比卖家多时，青草就供不应求了，自然就要涨价啦！”

绵羊又问：“那如果卖家的数量超过了买家呢？”“那就是反着的，价格会下降。”鹦鹉继续解释，“东西的价格是由买卖关系决定的，这就是经济学中最重要的原理之一。”

好学的绵羊向鹦鹉说道：“明天早上你可以陪我一起来买青草吗？买卖的学问可不小呢！”

“呃——好吧，谁叫你是我的好朋友呢，不过又不能睡懒觉了！”鹦鹉一脸无奈的表情。

一眨眼，新的一天开始了，绵羊和鹦鹉一起来到菜市场。绵羊发现，今天来卖青草的动物除了水牛、黄牛和奶牛，还多了大象和长颈鹿。为什么卖青草的动物突然变多了呢？这个问题可难不住经济学家鹦鹉。鹦鹉说："因为昨天买青草的动物变多了，所以青草涨价了，卖青草能赚到更多的钱，所以吸引了更多的动物来卖青草。"

绵羊歪着头思考着：今天的青草价格比昨天是更贵了，还是降低了呢？

"那还是要看买和卖之间的状态。你看，卖青草的动物虽然变多了，但如果动物要买的青草也变多了，那就和昨天一样，不会涨价也不会降价。如果多了大象和长颈鹿的青草后，菜市里出售的青草总量超过了动物要购买的青草总量，那青草就会降价。"鹦鹉对绵羊说，"你去问问价格就知道结果了。"

绵羊照例一家家问价钱，青草的价格果然比昨天便宜了。"那卖青草的动物岂不是没赚到更多的钱吗？"绵羊替它们感到惋惜。

"是这样的。"鹦鹉肯定地回答。

绵羊觉得价格变来变去，好像有一只看不见的手在拨来拨去，既神秘又有趣。

又过了几天，绵羊和鹦鹉再次来到菜市场，发现卖青草的动物更多了。绵羊自信地说："前几天你告诉我，卖家数量增加时，价格就会降低，所以我猜今天的青草价格一定比昨天更便宜。"

"那可未必，不信你去问个价吧。"鹦鹉胸有成竹地说。

于是绵羊照例挨个儿去问价，结果大吃一惊：青草的价格不但没降，反而更高了，1 袋要 8 元。

"这是怎么回事？"绵羊不解地看着鹦鹉。"这就对了！"鹦鹉抛出口头禅，接着说道："因为青菜涨价了。"

"这和青菜又有什么关系？"绵羊更糊涂了，感觉脑子里全是糨糊。

鹦鹉解释说："因为很多动物平时既可以吃青草，又可以吃青菜。青菜涨价了，就会有一部分动物改吃青草，这就是价格对需求的影响。这样一来，动物们就会买更多的青草。简单地说就是，大家要买的青草总量多于菜市里卖的青草总量，供不应求，所以青草涨价了。”

“有很多因素会影响卖家提供的青草总量和买家需要的青草总量，而这些都会影响青草的价格。如果你发现青草的价格变了，那并不奇怪，背后一定有原因。”见绵羊虚心好学的样子，鹦鹉又给它普及了一点经济学知识。

因为还有顾客等着咨询，鹦鹉做了最后的总结，说：“让我们重温一下供需定律吧：供给比需求多，价格就会下降。相反，价格就会上涨。”

绵羊在买菜过程中深受启发，打消了马上卖掉身上羊毛的念头，准备等到冬天的时候再去出售。因为寒冷会大大提高消费者对羊毛衫的购买需求，那时更容易卖出好价钱。

再说鹦鹉，自从变成经济学家后，找它请教问题的动物越来越多。它收取的咨询费价格也跟着水涨船高，没过多久就实现了财富自由。

价格是商家自己制定的吗？

超市里的商品都标有价格，这些价格是商家自己定的吗？表面上看的确如此，但商家可不能随心所欲地定价，不是想卖 5 块就卖 5 块，想卖 10 块就卖 10 块。因为价格定高了东西卖不掉，定低了又不怎么赚钱，这都不是商家想要的结果。商品的价格其实是由供需关系决定的，供大于求，价格就下降；供不应求，价格就上涨。当买和卖的数量大体相等时，价格就会暂时稳定下来。商家只不过是把市场确定的价格写到价签上而已。

水比钻石便宜得太多，不是因为钻石比水更重要，是因为水很多，而钻石很稀少。如果把矿泉水卖给沙漠中口渴的人，同样能卖好价钱。

孩子们，你从中受到启发了吗？物以稀为贵，多多未必益善。

引申思考

一、在《好天气和坏天气》这篇文章里，小儿子说："有了天天下雨的好天气，我的伞就好卖了。"从供需关系的角度想一想，做一做下面的填空题：下雨天（　　）了人们对伞的（　　），所以伞更好卖了，而且价格可能会（　）。

二、"一寸光阴一寸金，寸金难买寸光阴"这句话，反映出时间是一种什么样的资源，所以如此昂贵？

知识延伸 | 物以稀为贵

释义： 事物因稀少且有益，从而显得珍贵。

解读： 稀少并一定珍贵。比如你过生日时，爸爸送了你一个礼物盲盒，你迫不及待地打开它，哎呀，居然是一只做工粗糙的玩具老鼠。虽然在你各种各样的玩具里，只有这一只老鼠，但你一点也不喜欢它，反倒嫌它多余。所以，既稀少又受欢迎，供不应求的，才珍贵。

5 看不见的手

亲爱的小朋友，还记得《千人糕》这篇文章吗？它讲的是一块普通的米糕也凝结着大量的劳动：米糕是把大米磨成粉，加上糖和其他东西做成的。大米的产出，就需要种子、肥料、农药、农具……这些生产资料的背后又有其他生产资料，追溯下去会发现，一块米糕竟然有无数人的参与。

文章里的爸爸给孩子讲千人糕的故事时，公鸡一边听着，一边目不转睛地盯着米糕，好想尝一尝。小主人咬米糕时掉下了一些碎屑，公鸡眼疾嘴快，赶紧啄到嘴里。哇，又香又甜，真好吃！公鸡感激地想：那么多人为米糕付出了辛勤的劳动，应该去道个谢。

公鸡出发了，沿着一条小路走呀走，很快遇到了一位农夫。农夫挑着一担稻谷，正要去给稻谷脱壳。公鸡向农夫问了声好，说：“勤劳的农夫，谢谢你种的稻子，让我有机会吃到美味的米糕。”

“啊？我种稻子的目的并不是为了让你吃上米糕，我连种出的稻子去了哪里都不知道。”

农夫不假思索地说。

告别了农夫，公鸡继续走呀走，它看到一辆运送肥料的卡车停了下来。公鸡快步上前，对司机说："勤劳的司机先生，感谢你运送肥料让大家种稻子，让我有机会吃到美味的米糕。"

司机感到很惊讶："啊？我运送肥料并不是为了让你有米糕吃，我也不知道我运送的肥料都用在了什么地方。"

"哎，司机怎么也这样说？"公鸡嘟哝着走开了，不知不觉来到了集市上。它看到很多人在这里买卖东西，其中就有大米和糖，还有和大米、糖有关的各种生产资料。这里总该有人是冲着米糕才劳动吧？可是公鸡问了一圈，所有人的回答都和农夫、司机一样，都说自己所做的事并不是为了做出米糕，有的人甚至说自己从来没见过米糕。

公鸡的脑子里不停旋转着两个问题：一、明明大家都为米糕付出了劳动，却说自己不是为了做米糕，到底是为了什么呢？二、难道是有人在暗中指挥大家各自做事，却没有告诉他们所做的事是为了做米糕吗？

这时，公鸡的耳边响起了商贩们的吆喝声。

"公鸡先生，看看我的菜叶吧，今天早上才割下来的，新鲜得很，只要 1 块钱 1 斤。"

"嗨，我这有上好的鸡饲料，美味又营养，现在还打折呢，3 块钱就能买很多。"

“好吃不贵的米糕，买点尝尝吧，公鸡先生……”

…… ……

公鸡感觉自己好像一下子变成了走红毯的大明星，它情不自禁地伸长脖子、拍着翅膀，神气地打起鸣来。

每个商贩嘴里都提到了钱。公鸡似乎明白了什么，自言自语道：“这可能是个经济学问题呢！”于是它小跑着去找经济学家狐狸先生。

公鸡把自己的经历一五一十地讲了一遍，请狐狸先生解答它的疑惑。

狐狸先生说：“大家说的一点儿都没错，他们不管是种稻子、甘蔗、甜菜，还是干别的什么，都不是为了让你的主人和你吃到米糕。”说着从口袋里摸出一枚硬币递到公鸡面前，继续解释说，“他们付出各种劳动是为了获得报酬，然后用报酬去购买自己需要的东西。至于米糕嘛，他们可能需要，也可能不需要。”

狐狸猜测公鸡还没明白，就接着说：“如果非要说大家自觉劳动，是为了给米糕贡献一点力量，那你们公鸡打鸣也能算。”

“打鸣？可我们只是为了提醒人们起床啊，和米糕有什么关系呢？”公鸡惊讶地说道。

狐狸说：“如果你觉得大家做的事都和做米糕有关，那你及时提醒他们起床干活，不也是间接参与了做米糕的劳动吗？既然你觉得打鸣不是为了做米糕，那他们的劳动当然也不是啦！”

狐狸接着说：“没有一个人能独自做成一块米糕，大家只是在做自己擅长的事，通过分工合作，最后才让你吃到了米糕。他们之所以愿意做好自己的事，是因为这样可以挣到钱，去买自己想要的东西。”

“这么说来，没有人在暗中叫大家去做？”公鸡眨巴着眼睛说道。

“是的，没有！但是有一只看不见的手在指挥着大家！”狐狸摆了摆自己的手。

“什么？看不见的手？在哪？”公鸡好奇又惊讶地瞪大了眼四下寻找。

“这只‘看不见的手’，名字叫市场。”狐狸说。

“市场到底是什么呢，能说得再细一点吗？”公鸡急切地问道。

“哈哈，还是请本书的作者来讲讲吧，听说他是一个很帅气的人呢！”狐狸摆出“请”的手势，卖着关子对公鸡说，“请看下文！”

公鸡翻了个白眼，差点吐了。

“市场”是一支神奇的指挥棒

你一定听说过“市场”这个词，比如菜市场、超市、集市……凡是能买卖东西、进行交易的场所就是市场。这是市场的第一层含义。

人们说的市场还有另外一层意思，指交易的规律。为什么一家企业大量生产钢笔，少量生产铅笔，不生产橡皮——利益最大化原则；为什么蔬菜涨价了，妈妈就更愿意买猪肉了—— 价格调节机制；为什么同样的糖葫芦，放在景区里就比在家门口卖得贵——供需定律……这些就是市场规律，像指挥家的指挥棒一样，引导着人们做出不同的选择。被称为“经济学之父”的亚当·斯密把它比喻成“看不见的手”。

因为有市场这支神奇的指挥棒指挥着人们的经济行为，所以根本不需要谁来发号施令。人们为了追逐利益，会按照市场的规律，选择从事什么样的劳动。比如：小明培育种子，小红生产化肥，小亮种植稻子，小阳加工米粉……自觉地创造出能满足社会需要的各种物品和服务。制作米糕所需要的各种生产资料，就是由天南海北的无数个陌生人，在“看不见的手”的指挥下生产出来的。

引申思考

如果没有市场和交易，你的生活将变成什么样，你使用的铅笔还会不会存在？读一读美国著名经济学家伦纳德·里德的名篇《铅笔的故事》，想一想它和文章《千人糕》有什么共同点？

知识延伸 | 无利不起早

释义： 有利可图才早起，比喻为了利益而做事。

解读： 爸爸说，要不是为了梦想和工资，大冬天的，赖被窝多爽，谁愿意早起啊？“无利不起早”是人类进步的发动机，唯利是图、见利忘义是精神财富的粉碎机。

6 时间胶囊

城郊有一个村庄，住着三户人家，每家各有一只小猫，它们经常聚在一起畅想未来。

第一户人家的小猫说想成为一名卓越的运动员，说完就回家爬树去了。第二户人家的小猫说想成为一名出色的捕鼠专家，说完就回家找鼠洞去了。第三户人家的小猫说想成为著名的作家，说完就回家睡大觉去了。

时间过得真快啊，一晃几年过去了，第一户人家和第二户人家的猫都实现了理想。唯独第三户人家的猫，因为好吃懒做，别说成为著名作家了，就连300字的作文也写不出来。

如今它已经变成了老猫，我们就叫它老喵吧。老喵不是无聊地在村庄里转来转去，就是趴在路边的大树下数行人玩儿。一天，一个白胡子老人路过这里，走累了，就在大树下歇息。老喵主动和老人打招呼。它告诉白胡子老人，自己从小就立志成为一名作家，可惜虚度了光阴，现在已经来不及实现梦想了，好后悔！

“要是时间能倒流，我一定会好好学习、天天向上，努力地学习写作，说不定也能写出一本《我是猫》那样的名作！”老喵含着泪，难过地说，“但是时间怎么可能会倒流呢，现在留给我的只有悔恨了。”

“你进城去找钟楼旁那家钟表店的师傅吧，他可以帮到你。”说完，白胡子老人起身走了。

老喵将信将疑，但闲着也是闲着，于是它就去了那家钟表店。老喵正要敲门，门“吱呀”一声就自己开了。老喵好奇地走了进去，看到墙壁上挂满了各种各样的钟表，最抢眼的是一只大挂钟，足有一扇门那么大，老喵从没见过这么大的挂钟。屋子里很安静，只有时间走动的“嘀嗒”声。

“你来啦！”突然有人打招呼，老喵一惊。声音是从桌子后面传来的，老喵跳上桌子，看到一堆钟表零件后面有个人正在修表。老喵心里咯噔一下：咦！这不是昨天遇到的那位白胡子老人吗？

“怎么是你？”老喵惊讶不已，脱口而出，但细看下发现，老人的胡子并不是白的，而是花白。

老人头也不抬，边修手表边说：“你昨天看到的是我的双胞胎哥哥，我知道你来这儿的目的，请跟我来吧。”说着，老人走近大挂钟，按了一下上面的按钮，大挂钟自动向一边移动，露出了暗门，连着的是一个昏暗的房间。老喵不知道里面是什么，它小心翼翼地跟着老人往里走。他们一进去，挂钟门就自动合上了。暗室看上去非常古老，

好像是一万年前的样子，古色古香的木架上放着很多橙色的胶囊。

“这不是我感冒时吃的胶囊吗？”老喵好奇地问。

“这可不是感冒胶囊，它是能让时间倒流的时间胶囊。”老人比画了一个时针逆转的手势。

“时间胶囊？”老喵蒙了。

老人接着说：“这里的一颗胶囊就是一年的时间，吃一颗就可以年轻一岁。按你们猫的寿命，你只要吃几颗就可以变回少年。”

“真的这么神奇吗？”老喵睁圆了眼睛，不敢相信自己的耳朵。

老人说：“有的人嫌自己的时间太多了，每天为了打发时间而苦恼，就把时间贱卖给了我。我把它们装在胶囊里，卖给需要时间的人。”

“啊，真是太好了！我太需要时间了，这样我就可以回到过去，重新努力，实现我的作家梦。”老喵兴奋极了，可是它的表情马上又变成了沮丧，“我想时间胶囊一定很贵吧？我没有那么多的钱。”

老人拿出一颗米粒大小的时间胶囊递给老喵：“给你个小样品，你先体验一下吧。”

“啊呜！”老喵一口吞下去，马上就年轻了两个月。“我小时候的好伙伴，现在的运动员和捕鼠专家，一定会借钱给我的。我要买六颗，不，要买八颗时间胶囊，我要变回少年。”老喵边往家走边盘算着。

“哎哟！”老喵踢到了什么东西，差点绊倒，原来是个硬硬的小布袋子。老喵打开袋子，发现里面有一沓钱，它把钱拿出来，袋子里立刻又出现了一沓钱，怎么也拿不完。

“这下好了，我马上就可以变回少年了！”老喵背着袋子，开心地跑回钟表店，买了一把时间胶囊塞进嘴里。很快，老喵的声音变年轻了，动作灵活了，眼神清澈了，心里也好像吹进了嫩绿色的春风，浑身散发着朝阳般的气息。既然老喵变成了少年猫，那我们就叫它小喵吧。小喵独自来到曾经和小伙伴们一起畅谈梦想的地方，发誓绝不再浪费光阴，一定要努力实现作家梦。

第一天，小喵一大早就起床了。它铺开稿纸，用尾巴蘸着墨汁开始练习写作。写着写着，它脑子里突然出现了动画片里的画面。小喵想：不如看完动画片再来写吧！反正魔袋里有取不完的钱，想买多少时间就能买多少时间。动画片看完了，天也黑了。小喵又想：不如睡觉吧，反正时间多得是，明天再来写也不迟。

第二天，小喵写文章的时候，不知从哪儿飘来了一阵食物的香气，它不知不觉走了神，竟然写了句“我好馋啊！”小喵想：不如先去河边捉条鱼吃吧，反正魔袋里有取不完的钱，还可以买很多的时间。吃得饱饱的小喵觉得困意袭来，头一歪就打起了呼噜，一觉又睡到了太阳晒屁股。

…… ……

从春天到冬天，又从冬天到春天……小喵总是能找到偷懒的理由，连一篇像样的文章都没写出来，这又变成了老喵。不过这有什么关系呢？反正魔袋里有取不完的钱，想买多少时间就买多少时间。老喵再次来到钟表店，它走出来时，又变成了充满朝气的小喵。

“再见，我们还会再见的！”老人意味深长地说。

小喵回到村庄，再次发誓说一定会珍惜时光，勤奋写作。可是没坚持几天，它又变回了以前的样子。当小喵第三次成为老喵时，它还是只会写《我的爸爸》《我的妈妈》《我的爷爷》《我的奶奶》《我的外公》《我的外婆》这样的几篇作文。这一次，老喵十分懊悔，它决定最后一次去买时间胶囊。

老喵从魔袋里拿出一沓钱，袋子突然空了。它慌忙钻进袋子里去找，还是一无所有——会生钱的魔袋失灵了！“不必找了，有钱也买不到了！”老人拍了拍它的肩膀。“为什么？”老喵又惊又慌。

“那些把时间当成负担的人都后悔了，已经高价买回了它们存放在这里的时间。我的时间储藏室已经空了，一颗时间胶囊也没有了。”老喵听后号啕大哭起来。

这时，暗室的角落里突然滚出来一颗胶囊。“呀！”老人惊喜地对老喵说：“瞧，还有一颗遗漏的，吃了它可以年轻一岁。只有这么多了，用你手里的钱来换吧。”

“可是一年时间太少了，我还没来得及成为作家就死了。”老喵把最后一颗时间胶囊，当宝贝似的捧在掌心里。

“嗯，一年时间很难实现你的作家梦，但只要你珍惜光阴、笔耕不辍，总会比以前写得好很多，也值得欣慰呀！”

没了生钱的魔袋，也没了买时间胶囊的地方，老喵终于明白，时间才是世界上最昂贵的东西，是无价之宝。它怀着无比珍惜的心情投入写作，在它去世前不久，终于写出了一个深受欢迎的故事——《时间胶囊》。故事的最后一句话是：警惕！人们不太珍惜没有代价的东西！

你知道这句话是什么意思吗？

不劳而获会怎样？

孩子们，你们一定知道，天上不会掉馅饼，要想有所收获就必须付出代价（成本）。但是你们有没有想过，如果真的可以不劳而获，就像老喵在路上捡到的那只能生钱的魔袋，结果会怎么样呢？

如果收获没有成本或者太廉价了，那么不管它本身的价值到底有多大，用起来自然就不像自己辛苦挣来的那样心疼，很容易大手大脚。相反，我们为一样东西、一件事情付出的代价越大，就越爱它，越珍惜它。

举个例子，妈妈带你去海洋世界玩，本来是要买票的，还挺贵，并且妈妈要你用自己的压岁钱去买。你有点心疼，所以你告诉自己要认真地参观，不能浪费了自己的压岁钱，收获越大才越划算呀。而且，下次还不知道什么时候能再来呢，必须好好珍惜这次机会。如果刚好碰上海洋世界举办的免费游活动，而且可以免费 10 次，你不用花钱买门票了，以后还可以来很多次。这样一来，你可能随便转转就走了，收获很小，因为你心里想，反正还可以免费再来很多次。小猫也是一样的，如果它的钱不是捡来的，而是自己辛苦赚来的，那它可能会珍惜买来的时间，不会一次又一次地荒废光阴了。

引申思考

花猪特别爱吃自助餐，它经常去的两家自助餐厅，一家收费 50 元，另一家收费 100 元。在 50 元这家，它一般吃个半饱就走了。而在 100 元那家，它每次都会吃得更多，吃撑了才罢休。结合故事中的道理想一想，为什么在收费不同的餐厅，花猪的饭量大小不一样？

____

____

____

知识延伸 | 敝帚自珍

释义： 一把破扫帚，自己也当珍宝一样爱惜。

解读： 虽然只是一把破扫帚，但因为自己使用了很久，在扫帚上付出了时间，投入了感情，所以会以珍惜之心另眼相待。如果是从隔壁借来的破扫帚，那在我们眼里就真的是破扫帚了，怎么可能当成宝贝呢！

7 免费的午餐

放学了，小猪和同学小狗、小兔、小猫，手拉手一起回家。路上，它们聊起了游乐园。小狗说，游乐园又大又好玩，它已经去过三次了，可是还没玩过瘾。小兔说，它最喜欢里面的彩虹滑梯，坐在上面就像是从天上滑下来似的。小猫接着小狗和小兔的话说：“对对对，游乐园真是太棒了，我都不知道怎么形容才好！”大家聊得很投机，只有小猪一句话也不说，因为它还从没去过游乐园呢。

游乐园已经开业一个多月了，小猪早就想去过把瘾了，可是猪妈妈忙得抽不开身，总是让小猪再等一等。

小猪闷闷不乐地回到家，摇着妈妈的手央求道：“大家都说游乐园很好玩，妈妈，你到底什么时候才能带我去啊？”

猪妈妈笑着说：“我正要告诉你这件事呢！这个礼拜六，游乐园举办免费游玩活动，而且还有不要钱的午餐可以吃，正好我也有空，到时候一定带你去玩。”

“太好了，我一定要玩个痛快！”小猪开心地又蹦又跳，接着又好奇地问道，“可是游乐园为什么不要门票呢？”

“免费会吸引很多游客去游玩，尤其是从没去过的游客。游乐园里好玩的东西那么多，一趟也玩不了几个项目，等下次再去的时候可能就不免费了。游乐园这样做，不仅节省了一大笔广告费，还吸引了很多新顾客，这就是最大的好处！”猪妈妈解释说。

“原来是这样啊，不用花钱买票就能玩一趟，真好！”小猪充满了期待。

“嗯，虽然不用花钱，但是也要付出其他代价。世上永远没有免费的东西。”猪妈妈说。

“我没听懂，妈妈。”小猪眨巴着眼睛。“等我们去游乐园的时候，我再告诉你。”猪妈妈留下了悬念。

周末到了，小猪和妈妈充满期待地前往游乐园。由于是免费开放，动物们蜂拥而去，通往游乐园的路变得非常拥堵。小猪和妈妈只能跟着大家缓慢地移动，花了比平时多两倍的时间才走到游乐园。天啊！游乐园门口正排着长队，从空中俯瞰下去，就像一个长长的“！”——圆点是游乐园，一竖是排着长队的游客们。

小猪排队时一不小心踩到了驴子的脚后跟，驴子回头看了它一眼。

小猪焦急地问妈妈：“到底什么时候才能进去啊？”和它一样着急的还有小马。小马可不愿意老老实实地排队，一会儿东张西望，一会儿坐在地上，一会儿脱离队

伍到外面蹦跶几下，但总是被妈妈拽回队伍。小马实在忍不住了，吵着要回家。

猪妈妈对小猪说：“你看，这就是免费的代价。游乐园不收费，游客就多了，拥堵、排队就是额外付出的代价。”

排了很久的队，猪妈妈和小猪终于进了游乐园。游乐园里各个项目的等候区也都排着长队，有的地方你推我挤、歪歪扭扭，已经没有秩序了。小猪在妈妈的帮助下，好不容易坐上了过山车，可是屁股还没坐热就结束了。工作人员说，由于排队等候的动物实在太多，所以每个动物只能转一圈。小猪又等了一个多小时，终于玩了一回碰碰车。小猪不想玩了，主动提出要回家。

“‘免费的午餐’不吃了吗？”妈妈问道。

“‘免费的午餐’也不是真正的免费呀，要浪费时间去排长队。妈妈，我们还是去别的地方吃饭吧。”小猪终于理解了免费的代价。

满怀期待的游乐园之旅，就这样在排队、拥挤和浪费时间的糟糕体验中，草草地结束了。小猪太累了，一骨碌爬到床上就呼呼睡着了。它会做梦吗？也许会吧，但愿不是排队的梦。

猪妈妈说，世上没有免费的东西，真的是这样吗？第二天，爱思考的小猪还在琢磨妈妈说的话。“如果在游乐园游玩时碰巧不拥挤，也不用排队，那不就是真正的免费吗？”小猪问妈妈。

“就算是不堵不挤不排队，玩得痛快，还吃得开心，那也不是真正的免费，也是要付出代价的。这个道理，也许到下个礼拜六你就明白了。那

天会有一场免费看电影的机会，放映的可是你爱看的影片哦。”猪妈妈说。

小猪露出为难的表情：“会不会又像去游乐园那样又挤又堵啊？”

“哈哈，这次不会了，因为这张亲子电影票是电影院的老板单独送给妈妈的，不会影响我们看电影的。”猪妈妈保证说。

“噢噢——太好了！太好了！”小猪甩着尾巴转圈儿，兴奋地叫了起来。

“可是去看电影的话，你就不能参加小狗组织的周末聚会和社区开展的踢毽子比赛了，你到底选哪一样呢？”猪妈妈提醒小猪。

“啊！”小猪停了下来，说道，“我要是有孙悟空的本事就好了！那样的话，我就拔一根猪毛吹一口气，变出一个和我一模一样的小猪，让它帮我去参加小狗的周末聚会。再拔一根猪毛吹一口气，变出一个和我一模一样的小猪，让它帮我去踢毽子，说不定还能得个冠军呢！这样我自己就可以专心看电影了。”

“真是个贪心的小猪呀！”猪妈妈摸着小猪大大的头。

小猪当然不能分身同时去做三件事，它纠结了整整一个星期，最后决定去看免费的电影。因为这件事，小狗生气了，好几天没理小猪。小猪听说小狗的周末聚会可热闹了，大家分享好吃的东西，一起做有趣的游戏，度过了非常开心的一天。虽然免费的影片也很好看，但当小猪听说了这些，还是有些后悔没去参加小狗的聚会。

猪妈妈说："其实，这就证明'世上永远没有免费的东西'。看电影虽然没花钱，但是用在看电影上的时间，本可以用来参加小狗的聚会或者踢毽子比赛，也可以做其他事。这些不得不放弃的机会，就是你为了看免费的电影而付出的代价。"

"妈妈，如果我去参加小狗的周末聚会，那我在小狗聚会中得到的快乐就是我未看成电影而付出的代价，是这个意思吗？"小猪问道。

猪妈妈点点头："没错，经济学家把它叫作机会成本。所以，世上永远没有免费的东西！"

小猪挠挠头，嘿嘿笑着："看来只有在梦里做选择才没有代价。"

"不不不，孩子，做梦也有代价。"猪妈妈说。"啊？做梦能有什么代价呀？"小猪疑惑地问道。

猪妈妈回答："躺床上做梦也需要时间，如果把做梦的时间花在别的事情上，也会有收获。如果选择了做梦，就必须放弃别的收获，这就是做梦的代价——做梦的机会成本！"

"好吧，世上永远没有免费的东西！"小猪被妈妈说服了。

天下没有免费的午餐

孩子们，你听说过“天下没有免费的午餐”这句话吗？ 这是美国经济学大师弗里德曼的一句名言。它的意思是，世上没有不劳而获的东西，要想获得某种东西或做成一件事，必须支付成本。

成本有看得见的成本和看不见的成本。比如， 你走 10 分钟的路花 6 元钱买了一杯冷饮，这 10 分钟和 6 元钱就是看得见的成本。但是，如果你不买冷饮，这 6 元钱也可以用来买蛋糕、文具或者别的东西，这 10 分钟时间也可以用来听故事、背课文或者跳绳。这些选择里你认为价值最大的那个，就是你付出的机会成本。

这对我们有什么启发呢？就是当你决定做一件事的时候， 不能只计算看得见的成本，还要考虑机会成本和收益。打个比方，商人用 100 元钱买了一批铅笔，卖掉后赚了 100 元的利润，他觉得这笔生意很划算。但是同样的 100 元本钱，商人除了批发铅笔出售，也可以选择批发橡皮和别的商品。假如批发橡皮卖掉后能赚 200 元利润，那么他的机会成本就不是 100 元本钱，而是因为选择卖铅笔而放弃的卖橡皮所能赚到的 200 元。这么一算，就不那么划算了。

小朋友们，当你通过付出去换取回报的时候，要想一想如何选择，才能让同样的付出得到更大的收获。

引申思考

“亲爱的小猪，挑一个生日礼物吧，看看你的手气怎么样？”猪妈妈将 4 个外表一模一样的盲盒放在小猪面前，里面各装着一张纸币，分别是 100 元、50 元、20 元和 10 元。小猪挑中了一个盲盒，打开一看是 20 元钱。想一想，小猪付出的机会成本是多少（　　）？

A.100 元　　B.160 元　　C.10 元

知识延伸 | 顾此失彼

释义： 顾了这个，丢了那个，形容无法同时兼顾多个事情或多个方面。

解读： 有得必有失，有失必有得。因为选择“此”而不得不放弃的“彼”，就是机会成本。

8 神奇的果树

夏夜，一场狂风暴雨伴着电闪雷鸣造访了森林。第二天，早起散步的大象、猩猩和猴子，发现路边多了一棵光秃秃的树，好像一只倒立的鸡爪。

“真奇怪！怎么突然冒出了一棵树？”大象说道。

“是啊，它从哪儿来的，怎么一片叶子也没有？”猩猩仔细地瞅着树。

“哈哈，不会是妖怪变的吧？”调皮的猴子“蹭”地一下跳到树上。

突然，树上长出了一片叶子，接着是第二片、第三片……眨眼工夫，树上就长满了绿叶，随后又长出了许许多多的果子。它们长得奇奇怪怪，有的像一弯月亮，有的像一只拖鞋，有的像一只没有尾巴的小鸟。大家被眼前的景象惊得目瞪口呆，好半天才回过神来。

“原来是神奇的果树啊！”

“看上去很好吃的样子，不知道能不能吃呢？”

“说不定有毒哦！”

树上的果子散发着香甜的气味，动物们流下了口水，但是谁也不敢先去品尝。这时，一只饥饿的鸟儿路过这里，见树上长满了果子，就冲到树上，它这里啄几口那里啄几口，吃得开心极了。

“没有毒吗？”大家咽着口水，急切地问。

“毒？啊，真是太好吃了。”鸟儿边吃边答。

见鸟儿吃得那么开心，大家放心了，赶紧去摘果子吃。最贪婪的是猴子，它一边往嘴里放，一边往兜里塞。

消息不胫而走，森林里的动物们纷纷来摘果子吃。不久，它们发现了一个秘密：无论每天摘多少果子，哪怕摘得一个也不剩，只要隔一夜，树上就又是果实累累，好像永远也吃不完。不过，大家对为何如此可没什么兴趣，在它们眼里，每天能吃到美味的果子才是最重要的。

直到有一天，一只眼尖的动物说，果树的叶子好像开始变黄了，每天树上结出的果子慢慢变小了，果子也没那么香甜可口了。大家这才注意到果树的变化，可谁也没放在心上，心想只要还有果子吃就行了。结果，有一天果树的叶子在一夜之间全部凋落。第二天，大家看到的又是刚开始那棵光秃秃的树，全都傻眼了。

森林之王老虎知道了这个情况，派医生去为果树体检。原来，果树缺少营养，又被毒虫咬了，它生病了，但是根还活着。只要每天施肥、浇水、除虫，很快就能重新焕发活力。”

“太好了！从明天起，我们好好地照料果树吧。”大家欢呼着，它们很怀念有美味果子吃的好日子。

第二天，大象用鼻子在河里吸水，准备去给果树浇水。走到半路，它忽然想：果树是大家的果树，又不是我自个儿的，反正它们会去照料果树的，我又何必费力气呢？等再次结果我去吃就好了。于是，大象用鼻子里的水为自己冲了个澡，转身回家去了。

水牛吃得饱饱的，打算去果树下“施肥”。走到半路，它产生了和大象一样的想法，于是也掉头往回走，把肥料拉在了自家周围的草地上。草吸收了牛粪的营养，会长得更好，到时水牛会大饱口福的。

小兔子也带着松土工具来到果树下，一看，除了自己再没其他动物，心想：大家都不来照料果树，那我也不干了！

医生着急了，对老虎说，如果再不去照料果树，它就真的活不了了，以后大家都甭想吃果子。

狐狸眼珠子一转，提议道：“大王，我有个主意。‘大家’，你指望我，我指望你，都希望干活的是别人，吃果子时有自己的一份，谁也不愿为大家共有的果树付出什么。这样下去，果树必死无疑。我们可不想要这样的坏结果。所以，照料果树必须指名道姓。”

老虎觉得狐狸说得在理，于是让大象给果树浇水，让山羊捡粪便给果树施肥，让蚯蚓给果树松土，让啄木鸟给果树除虫。大家不敢违抗老虎的命令，都毕恭毕敬地答应照办。

光秃秃的果树慢慢变绿了。一个星期后，果树结出了第一颗果子，小小的。这颗小果子的模样像一张可爱的笑脸，好像是在感谢大家对它的照料。又过了一天，动物们一觉醒来，惊喜地发现满树都是果子了。

“哇！好酸！”

“哎呀，难吃死了。”

“果子怎么这么小啊？”

…… ……

大家七嘴八舌地发着牢骚。

老虎派狐狸去调查真相，原来问题出在那些动物们身上。它们心想，把果树救活了自然是好事，但是自己多干了活，又有什么额外的好处呢？还不是和大家一样平分果子嘛！于是它们暗中偷懒：大象不去河里取清水，而是用附近的污水浇果树；山羊也没去捡新鲜的粪便，而是用轻巧的干粪便来应付；蚯蚓和啄木鸟也好不到哪去：一个拱着拱着竟然睡着了，一个吃饱了虫子就飞走了。果树喝了污浊的水，拼命地吸收着干粪便里少得可怜的一点养分，忍受着害虫的毒液，坚强地活了下来，但身体里缺少营养，因此结出的果子又小又酸。

“可恶！”老虎大发雷霆，准备惩

罚偷懒的动物们，可是狐狸却说："大王，您的惩罚的确可以使它们因为害怕而做事，但也只是应付您罢了。要想让果树结出好吃的果子，得让它们心甘情愿地照料果树才行，而不是因为您的命令。"

"那你有什么妙招吗？说来听听。"老虎皱着眉说道。

"大王，您只要这么办就行……"狐狸凑到老虎耳边轻声说。

第二天，老虎按照狐狸的建议召集大家开会，宣布出租果树。它郑重强调："租果树的动物必须照料好果树，保证果树像原来一样每天结果。如果再出现果子变少、变小、变酸的情况，会受到惩罚，并且将剥夺它继续租果树的权利。

"还不止这些呢！"狐狸补充说，"不管是谁租了果树，如果果树在它的精心照料下，结出的果子比以前更多，那么多出来的那些果子就归它所有。"

"想租果树的请举手报名！"老虎动员说。

"我报名，我报名！"

"我也报名！"

…… ……

看到大家兴奋地争着租借果树，照料过果树的大象、山羊、蚯蚓和啄木鸟慌了，神秘兮兮地把狐狸拉到一旁，拍着胸脯说："老兄，帮个忙呗，把果树租给我们吧，我们保证不会再出问题。"当它们说出这句话时，果

树突然摇晃起来，好像在提出抗议。狐狸耸耸肩说：“你们瞧，果树不愿意呢！”

通过公平竞选，新的果树照料员诞生了。它们知道，照管好果树不仅是责任，也是让自己致富的好机会。于是，它们像对待自己的孩子一样对待果树。果树变得枝繁叶茂，拼命地结果子，果子又多又大又甜又香。动物们又能分果子吃了，而果树照料员们也得到了应有的报酬。

路边的李子为什么是苦的?

你还记得《王戎不取道旁李》这篇文章吗?它讲的是王戎七岁的时候，有一次和小伙伴们一起玩耍，看见路边李子树上果实累累，把树枝都压弯了。大家争相跑过去摘李子，只有王戎没动。当问他为什么不去摘李子，王戎回答说：“李树长在路边竟然还有这么多李子，一定是苦的。”大家摘来一尝，果然如此。

亲爱的小朋友，猜一猜这棵李子树有没有主人?

一般来说，为了保护自己的劳动果实，人们不会把果树种在马路边。即使种在了路边，主人也会想办法看管，不会任人乱摘。所以就算李子是甜的，孩子们也未必敢去摘——被逮到了会挨骂的！所以这棵李子树很可能没有主人，也无人管理，大家毫无顾忌争抢李子也就不奇怪了。在这种情况下，李子不会等到成熟就会被“一扫光”，只有苦李子才能安然无恙。

为什么这棵李子树作为公共物品会有这样的遭遇呢?因为人们知道，既然李子是公共物品，就意味着大家都能吃。于是，人们争着去摘李子，而不愿花代价为它施肥、驱虫。因此，李子树就只能结出难吃的苦李子。这就是经济学所说的“公地悲剧”。

故事中的神奇果树也是属于所有动物的公共物品，谁都可以吃，谁都想吃，但谁都不想为它付出，结果因为缺少管理果树差点死亡。聪明的狐狸知道“公地悲剧”的道理，于是让老虎派大象、山羊、蚯蚓和啄木鸟去照料果树。但是这还不够，因为它们只承担了照料果树的责任，却没有相应的权利和报酬。最后，狐狸采用了出租果树的办法。租果树的动物们不仅承担了责任，也拥有了将多余果子变成自己财产的权利，一下子就动力十足了。这就是解决公共资源问题的重要手段，简单来说，就是要给公物配上“主人”，或者把公共事务交给具体的人去负责，而不是光喊“人人有责”。

引申思考

一、在文章《月迹》里，奶奶说月亮是每个人的，苏轼也写过“但愿人长久，千里共婵娟”的诗句。这反映了月亮是属于什么性质的东西？

二、班级图书角属不属于公物，应该怎样管理才能让它不容易被破坏？

知识延伸 | 涸泽而渔

释义： 排干池塘里的水抓鱼，比喻获取利益只顾眼前，没有长远打算。

解读： 和路边的李子树一样，想必这个池塘也是没有主人的野池。池塘里的鱼是“公物”，干脆排干水抓鱼，抓它个一条不剩才过瘾。

9 用“诡计”分苹果

小朋友，还记得《狐狸分奶酪》这篇文章吗？它讲的是两只小熊在路上捡到了一块奶酪，不知道怎么分。狡猾的狐狸主动来帮忙，故意把奶酪掰成大小不一样的两半，然后以“均匀分配”的名义继续耍花招，最后把奶酪全吃到了自己肚子里的故事。

两只小熊中了狐狸的诡计，连奶酪的渣儿也没尝到，好不懊恼！小哥俩回到家，愤愤不平地向妈妈抱怨狐狸太坏。熊妈妈听了哭笑不得。它灵机一动，打算考考小熊，于是去院子里摘了一只又大又红的苹果，然后故意掰成两半，一半大，一半小。

“孩子们，我猜你们一定是饿了，快吃苹果吧！”熊妈妈把苹果放在桌上，然后一边做家务，一边悄悄观察小哥俩的举动。

小哥俩又遇到了和分奶酪一样的困扰。

“我很喜欢吃苹果，请让我吃大的那一半吧。”熊弟弟看着苹果，

流下了口水。

熊哥哥不乐意了：“可是我也很喜欢吃苹果呀，你肚子小，还是吃小的吧。”

熊弟弟立刻反驳：“我是弟弟，哥哥不应该让着弟弟吗？”熊哥哥赶忙说：“我是哥哥，弟弟应该尊重哥哥，我吃大的一半才对。”

熊弟弟一下子找不到合适的理由，支支吾吾地说：“呃……呃……我比你可爱，我应该吃大的。”

熊哥哥哈哈大笑说：“我没你可爱，所以我要吃大的。”

一时间，小哥俩争得不可开交，谁也说服不了谁。这时，熊妈妈说话了：“熊大、熊二，你们别吵了，不如做游戏来决定吧。”

小哥俩安静了下来，它们都认为妈妈的主意棒，很公平。“我们玩石头剪刀布怎么样啊？三局两胜。谁赢了就吃大的那一半，谁输了就吃小的那一半。”熊哥哥提议说。

“好啊，我一定会赢的，大苹果肯定是我的。”话音刚落，熊弟弟就急忙伸手出了个“布”。

“还没开始呢，瞧把你急的。”熊哥哥翻了个白眼。

熊弟弟运气不错，赢了熊哥哥，它开心地跳起舞来。舞姿很笨拙，把熊哥哥都看乐了。

“你赢了，你吃这个吧。”熊哥哥递上大的那半只苹果。熊弟弟接过苹果就要往嘴里塞，突然又停住了。“哥哥，你一定是故意输给我的，对吧？”熊弟弟把苹果递还给熊哥哥，“还是你吃大的吧。”

熊妈妈假装什么都没看见，捂着嘴笑了。

怎样分东西?

孩子们，你们知道分配需要遵守的准则是什么吗？答案是公平。

苹果是熊妈妈的劳动成果，两只小熊并没有付出什么，它俩的贡献一样大，都是“0”。所以要平均分配，谁也不能多吃一口，谁也不能少吃一口，不然小哥俩会闹矛盾，还怪熊妈妈偏心。既然没办法在苹果的大小上做到公平，那就只能在分配方式上动脑筋了。在大家都自愿参加的前提下，通过比试来决定如何分配， 是一个不错的办法。参与者面对同样的比试规则，拥有同等的输赢机会，非常公平。赢了呢，可以心安理得吃大的，输了也输得心服口服。熊妈妈让两只小熊做游戏分苹果，就是这个用意。

公平并不是分的东西“一样多”，而是大家都得到了自己应该得到的“那么多”。

在现实中，分配东西最常用的方式是按贡献分配，谁贡献大，谁就分得多；反之，分得就少。这就是按贡献分配的激励作用。

引申思考

一、读一读《滥竽充数》这篇寓言故事，想一想，不会吹竽的南郭先生和大家一样领着齐宣王发的“工资”，这是什么性质的分配？会对其他人产生什么样的影响？

二、经常有人抱怨说：“我没有功劳也有苦劳啊！”想一想，应该怎样对待只有苦劳的人？

知识延伸 | 论功行赏

释义： 依据功劳的大小，进行赏赐。

解读： 常见的表达是按劳分配，“劳”指劳动的成果。没有功绩但有奖赏、有功绩但没有奖赏的行为都会伤害公平，结果一定很糟糕。

10 萝卜地里长“钱”啦

亲爱的小朋友，还记得《拔萝卜》这篇文章吗？老公公种的萝卜长大了，“嗨哟！嗨哟！”拔呀拔，拔不动。老公公喊老婆婆来帮忙，老婆婆喊小姑娘来帮忙，小姑娘喊小狗来帮忙，小狗喊小猫来帮忙……后来怎么样了？

后来，大家摆出拔河的队形，高喊着口号，使了好几回劲才终于将萝卜成功地拔了出来。排在队伍最后面的小猫还摔了一个大屁股蹲儿。这只萝卜可真大呀，敦敦实实、圆圆滚滚，像个小西瓜一样。这么大的萝卜大家还是头一回见，就连种了几十年萝卜的老公公也惊讶地张大了嘴巴。最后老公公一家把大萝卜炖了，招待了帮忙拔萝卜的众人。

老公公种出大萝卜的消息很快便传到了动物世界。《财富报》记者猎狗闻讯而去，准备把老公公当作种菜能手好好宣传一番。但猎狗到了却发现老公公正愁眉不展地坐着。“尊敬的老公公，您种出了大萝卜，应该高

兴才是，为什么还唉声叹气呢？”猎狗不解地问道。

“唉，种出大萝卜，开心是开心，但烦恼却比开心更多。”老公公又是摇头又是叹气。

“这是为什么呀？”猎狗追问。

“请跟我来。”老公公带着猎狗来到萝卜地。满地的萝卜叶子又高又密，望着它们就能想象出泥土里的萝卜有多大。

老公公指着萝卜地：“你瞧，这里还有好多大萝卜呢，我正犯愁怎样把它们全拔出来。小狗和小猫很热心，但是它们力气有限，没办法帮忙拔太多。如果萝卜不能及时拔出来，就会烂在地里，到那时就一文不值了。”老公公说着又是一声叹息。

猎狗试着去拔一根萝卜，但使了好大力气，只拔断了萝卜叶子。它也没有更好的办法，只能叹着气离开了。它在第二天出版的报纸上写了一篇文章，报道了老公公遇到的麻烦事。

住在山坡上的兔子平时喜欢读爱迪生的故事，也是一位小发明家。它看了猎狗的报道后，背着一样东西去拜访老公公。“老公公，我可以帮你！”兔子打开背袋，露出一只“兔子”。老公公看看背袋里的“兔子”，又看看站在他面前的兔子，“扑哧”一声笑了。原来，这两只兔子长得一模一样。

兔子明白老公公为什么笑，也笑着说：“这

是一只会拔萝卜的机器兔，因为我很帅气，所以我就按照自己的样子设计喽！”

“会拔萝卜的机器兔？你的意思是让它帮我拔萝卜？有这么神奇吗？”老公公半信半疑。

“是的，现在我就给你演示一下。”说罢，兔子把机器兔放到地上，按了下它屁股上的按钮。只见机器兔动了几下，两只前脚开始变形，眨眼间就变成了机械手臂，然后钻到萝卜叶子下面挖土去了。老公公还没看明白，“兔子”已经挖出了一根大萝卜，神气地举给老公公看。

“怎么样啊？老公公，这只机器兔厉害吧？有了它，半天就能把你的大萝卜全部挖出来，您可是省心又省力。”兔子说道。

这会儿，老公公心里踏实了，他答应用整整两口袋的萝卜来买这只机器兔。有了它，老公公轻轻松松就收完了萝卜，乐得眉开眼笑。可是第二天，他又愁眉苦脸了，这次又怎么了？原来是老公公想把萝卜卖了，再用卖萝卜的钱给老婆婆换一身新衣裳，给孩子买一只手表，还要带着全家去旅行……可是怎样才能把堆积如山的萝卜运到集市上呢？这让他一筹莫展。

巧了，看了报道的狐狸便来拜访老公公。它是一位博学多才的“点子大王”，是来给老公公出谋划策，帮

他拔萝卜的。“谢谢你狐狸先生，昨天我已经用机器兔子把萝卜通通拔完了。”老公公说。

“啊！”狐狸惊讶得说不出话来。当它听老公公诉说了新烦恼后，灵机一动，说：“没关系，我给您出一个点子，马上就能帮您把所有萝卜都运到集市上去。”老公公同意了，聘请狐狸负责这件事，并承诺支付萝卜销售收入的 5% 给狐狸。

合作开始了。狐狸打算举办一次搬萝卜大赛，表现出众的动物可以获得奖励。为了让大赛消息传播得更广，狐狸请猎狗帮忙在《财富报》上提前发布了活动启事。狗熊、狮子、老虎、野猪、袋鼠……很多力气大的动物都报了名。活动当天，狗熊用双手抱，袋鼠用袋子装……大家各显神通，你争我赶，谁也不服输，一眨眼的工夫就把萝卜全运到集市上去了。袋鼠的袋子大，跑得也快，它搬的萝卜数量最多。最终袋鼠得了冠军。狮子和老虎也很棒，分别获得了亚军和季军。其他没得奖的参赛动物，也获得了精致的纪念品。大赛在欢声笑语中结束了，老公公也顺利地卖光了大萝卜，并按照约定给狐狸支付了报酬。

你们瞧，围绕着萝卜，大家都获得了财富，可不就是萝卜地里长出了“钱”吗？

后来，狐狸背着钱袋子去找那只会发明的兔子，打算合伙开一家农业服务公司，为更多人提供帮助，并以此换取更多的财富。

创造财富的密码

老公公把萝卜卖给想吃萝卜的人，挣到了钱。

兔子把自己发明的机器兔卖给老公公，换来了萝卜。

狐狸用自己的“金点子”，帮助老公公解决了搬运大萝卜的难题，获得了报酬。

参加搬萝卜大赛的动物们，用自己的力气换来了奖品和竞赛的乐趣。

孩子们，你发现其中的共同点了吗？没错，就是交易—— 拿自己手中对别人有用的东西，去换别人手中对自己有用的东西。发现别人的需求，满足它，这就是创造财富的密码。没错，就是发现别人的需求，然后用自己的才干和付出满足它，并通过获得的回报，来实现自己的目标和梦想。

实现目标和梦想的过程就是交换的过程。

梦想就像花园的设计图，在你脑中，但是建造花园的各种材料，像沙石啊、木头啊、花草啊……以及建造花园的手艺，都还在别人手中。你不必拥有这些材料，也不用学习这门手艺，只需要做自己擅长的事（哪怕和建造花园毫不相干也没关系），再用你得到的回报去换来建造花园所需要的一切就可以了。

引申思考

想一想，辛苦工作的爸爸妈妈，是在用什么交换什么？

知识延伸 | 将欲取之，必先予之

释义： 想要获得什么，必须先付出相应的代价，然后才能换取。

解读： 经济学启示我们，如果想得到一样东西，可以通过“交易”去获得。比如，用我们努力学习获得的知识和技能，去为企业工作，换得一份不错的薪水。

11 “千里耳”白猫被老鼠耍了

白猫很忙。动物们路过小河边，总能看到白猫在大石头上磨铁棒，发出“嚯嚯嚯”的声响。大伙儿都很奇怪，问它在干什么，白猫好像没听见一样，头也不抬，仍旧拼命地磨呀磨。

亲爱的小朋友，如果你也想知道白猫怎么了，就随我去看看吧！

原来，这只白猫有一项神奇的本领，它能听到几里外老鼠的动静。有一次，正在竖着耳朵巡逻的白猫，听到村口一户人家传来窸窸窣窣的声响，就断定是老鼠在咬米袋。白猫蹑手蹑脚地埋伏起来，趁老鼠咬得正起劲儿时，一个箭步扑过去，把老鼠逮住了。

还有一次，老鼠头领带着几只鼠兵溜出洞去偷鸡蛋。为了不让白猫听见声响，它们在脚上裹了柔软的棉花，但结果还是没逃过白猫的“千里耳”。从此，就算老鼠们饿得骨瘦如柴了，也不敢再轻举妄动。

这天，老鼠头领召集大家开会，商议如何对付——“千里耳”白猫。

一只小老鼠狡黠地说：“我

们趁白猫做梦的时候一起攻击它。”其他老鼠纷纷摇头反对，觉得这种方法太冒险了。

“头领，我有一个办法……”一只模样奸猾的老鼠眼珠子一转，凑到老鼠头领的耳边，小声地“叽噜”了一通。

“嗯，真是个绝妙的好主意！”老鼠头领哈哈大笑，“等事情办成了，重重有赏。”

第二天，老鼠头领命令最能跑的鼠兵去找白猫。鼠兵远远地扯着嗓子朝白猫喊：“可恶的白猫，你有什么了不起的，有本事你来抓我呀！”说完撒腿就跑。

“放肆！竟敢这样和我说话！”白猫受到挑衅，气得吹胡子瞪眼，拔腿就去追鼠兵，追着追着就到了小河边。鼠兵停了下来，继续挑衅白猫：“白猫，我看你就只会抓我们老鼠，有能耐你钓鱼吃啊！”

“我本事大着呢，钓鱼算什么？”白猫信心十足地说。

“我们头领说，如果你能钓到鱼，我们就每天派一只老鼠送上门让你吃。”鼠兵说道。

白猫一听，忍不住哈哈大笑：“好啊，那我就钓鱼给你们瞧瞧，但你们要是不兑现承诺，我一定把你们统统吃掉。”为了树立威信，白猫接受了赌约。鼠兵脸上不动声色，心里却狂笑不止：白猫，你终于中计了！

接下来，白猫需要解决钓鱼工具的问题。首先是鱼钩，它不知道哪里能找到鱼钩，于是

去请教狐狸。狐狸把《铁杵成针》的文章给白猫读了一遍。“我懂了，谢谢你，狐狸先生。”白猫拍拍脑袋，向狐狸道别。

回家路上，白猫捡到了一截和自己尾巴一样粗细的铁棒。它如获至宝地带着铁棒去了河边，找到一块儿大石头便磨了起来。铁棒真难磨呀，磨了一整天好像一点变化也没有，可白猫已经累得气喘吁吁了。要把这么粗的铁棒磨细，然后做成鱼钩，要到猴年马月？白猫磨着磨着有点泄气了。就在这时，狐狸来了，它鼓励白猫说：“只要功夫深，铁杵磨成针！只要你有毅力，一定会磨出你想要的鱼钩的，加油吧，我的伙伴！”

白猫深受鼓舞，干劲更足了，于是继续磨呀磨，一天又一天地磨，早上磨，中午磨，晚上也磨，就连做梦都在不停地磨。白猫专心又勤奋地磨铁棒，似乎忘掉了时间和自己最擅长的事——抓老鼠。一晃一个多月过去了，白猫连一只老鼠也没有抓过。而老鼠们呢，也不再担心做坏事时被白猫抓住，竟然大张旗鼓地办起了偷粮大赛和美食大赛，好不逍遥自在。

直到有一天，白猫突然收到了一封没有署名的信，信里写道：“尊敬的白猫先生，我仰慕的英雄，你坚持不懈地追求目标的精神让我感动，但你想过这样做是否值得？你浪费了三样东西，真是太可惜了！”

“嗯？浪费？”白猫赶紧往下看。

“你浪费的第一种东西是宝贵的时光，

你花费了那么多时间去磨铁棒，只为得到一个小小的鱼钩。你浪费的第二种东西是铁棒，它本来可以加工成很多鱼钩，可你却偏偏要把它磨成一个，那些被你磨掉的铁粉都白白浪费了，实在是可惜。最让我心痛的是你浪费的第三种东西——你的才能。你把时间都耗费在磨铁棒上了，荒废了抓老鼠的本领，也浪费了你的‘千里耳’。把磨铁棒的时间用来抓老鼠，才是你该做的事，也是最能让你发挥价值的事。”

“真是好浪费啊，我可真够笨的。”白猫懊恼极了，嘴巴里发出“呼呼”的声响。

“告诉你一个真相：老鼠故意用激将法引诱你去磨铁棒，这样你就没空盯着这些老鼠了，它们就可以放心大胆地为非作歹。还有，你知道狐狸为什么要给你读《铁杵成针》的故事吗？为什么你那么容易就找到了一根铁棒？这些可都是狐狸设计的圈套。老鼠承诺，只要狐狸想办法让你中计，以后偷了东西会分它一半。”

真相大白！

白猫气得胡子发抖，发出“呼呼呼呼”的愤怒声，接着就将铁棒扔进河里。原来，它中了老鼠的奸计。

“如果你想吃鱼，那也很简单，根本就不用浪费资源去磨铁棒、做鱼钩。”神秘来信还给白猫出了个好主意。究竟是什么主意呢？看完下个故事你就明白了。

做事要好好“算账”

成本是经济学中非常重要的概念。简单地说，就是收获背后所付出的代价，金钱、时间、感情以及其他有价值的东西，都是成本。

妈妈给你买了一本文学名著，成本主要是金钱；你看了一集《超级飞侠》，成本是时间；你经常撒谎，成本就是大家不再相信你。

人们愿意付出成本和代价，是为了获得想要的回报。但并不是只要有回报，就一定值得付出。如果成本很高而回报很小，甚至是亏本，那就不该做，否则就是浪费资源。白猫为了得到一只鱼钩，竟然去磨铁棒，就算它最终成功了，付出的代价也远远超过收获，非常不划算。

也许你会问：爸爸妈妈为我付出了那么多，可我并没有回报什么呀，他们为什么还愿意如此付出呢？这是因为，回报并不只有金钱和物质，还包括精神上的收获和财富。作为最爱你的人，爸爸妈妈每天看着你健康、快乐地成长，会获得巨大的幸福感，这就是他们想要的最大回报。

引申思考

有一句俗话叫“舍不得孩子套不住狼”（其实是“舍不得鞋子套不住狼”的误读），字面意思是，为了打到狼要舍得用孩子当诱饵，引狼上钩。如果你是这个孩子，会赞同这个观点吗？如果不赞同，你打算怎样说服猎人改变主意呢？

知识延伸 | 事倍功半、事半功倍

释义： 事倍功半——比喻费力大，收效小。事半功倍——比喻费力小，收效大。

解读： 白猫用铁杵磨针，这种行为虽然精神可嘉，但是付出的成本（时间和精力）实在太高了，而收获却只是区区一根鱼钩，这是典型的事倍功半。

12 抓老鼠换鱼

白猫按照神秘来信的建议，去隔壁村庄拜访一位渔夫。

渔夫每隔几天就去附近的小河里捕鱼，他划着木船把渔网下到河里，半天时间就会有不小的收获。这些鱼，渔夫留下一些自己吃，其余的拿到集市上卖掉。

白猫对渔夫说：“老人家，我听说你是一位捕鱼高手，有吃不完的鱼，所以特地来拜访你。”

渔夫指着屋子里的一只木桶说：“瞧，这是我今天的收获。”桶里的鱼可真新鲜啊，鱼鳞上泛着水光，有的还不时蹦跶几下。白猫看得忍不住咽口水。

“猫咪，你找我有什么事情吗？”渔夫假装没注意到白猫馋馋的眼神。

“是的，我想和你做个交易。”白猫回过神来。

“哦——什么交易？说来听听。”渔夫不知道白猫在打什么算盘。

“我想用老鼠和你换鱼。”白猫说。“什么？用老鼠换鱼？”白猫的话让渔夫非常惊讶。

白猫斩钉截铁地说：“没错，就是用老鼠和你换鱼。我抓老鼠的本领可大着呢，因为我有一对厉害的‘千里耳’，老鼠的动静都逃不过我的耳朵。有我的地方，老鼠休想干坏事！”

“可是这和我有什么关系呢？”渔夫还是不解。

“有人写信告诉我，你家里的老鼠很猖獗，不但偷吃你的粮食和鱼，还会在你睡觉的时候跑到你的床上溜达。”白猫一边比画一边说。

“的确如此，我烦死那些老鼠了，我养的那只猫，老鼠们根本就不把它放在眼里。”渔夫无奈地叹了口气。

“我可以帮你捉老鼠，你每星期给我几条鱼当报酬就可以了，这就是我想和你做的交易。”白猫说出了自己的想法。

“原来如此，没问题！”渔夫觉得这个交易很划算，满口答应了。每周区区几条鱼的报酬，对渔夫来说实在是小意思。就这样，白猫用自己高超的本领帮渔夫抓起了老鼠，认真地守护着渔夫的粮食和鱼，老鼠们消停了。而白猫也如愿从渔夫那里得到了新鲜的鱼，过上了幸福的生活。白猫发现，用自己的长处和优势去换取报酬，既有效率又有成就感。回头想想，把铁棒磨成鱼钩然后钓鱼吃的办法真是笨到家了。

“到底是谁给我写的信呢？它真是一个智

者！”白猫又想起了那封神秘来信。

开了窍的白猫有了更多的想法，它的伙伴越来越多，生活变得多姿多彩。

白猫对怕冷的女人说：“瞧，我的身体又柔软又暖和，我很乐意成为你的‘暖手袋’。”女人同意了，冬天的时候把白猫抱在怀里取暖，也把身上的温暖传给了白猫。女人还经常讲故事给白猫听，它听着听着就进入了甜美的梦乡。

白猫对小鸟说：“我可以把吃不完的鱼送给你们，只需要你们付出一点歌声。”小鸟同意了，每天早晨用自己的歌喉为白猫唱一首歌，有时是独唱，有时是合唱。白猫在歌声里醒来，开始一天的生活，心情很舒畅，抓老鼠也更带劲了。因此，它又从渔夫那里获得了更多的奖赏。

一只老鼠来找白猫，它远远地站着，毕恭毕敬地向白猫问好。白猫一看，是上次挑衅自己的那只老鼠，立刻气不打一处来，便要去抓老鼠。

老鼠赶紧说：“等等，我钦佩的白猫先生，请听我把话说完。”

“快说！”白猫也好奇。

老鼠胆怯地说：“我们头领派我来和你做一个交易……”

“放肆，你们老鼠竟敢和我做交易。”白猫迈开步子，准备去抓老鼠。

老鼠说：“白猫先生，请听我把话说完。如果我说完你还要吃我，我自己会走到你的嘴里让你吃掉。”

“好，我倒要看看你又想玩什么花招！”白猫不耐烦地说。

“头领说，‘我们打算向你学习，发挥自己的长处为人类工作，换取合理的报酬，再也不偷东西了，也不干坏事了。’”老鼠信誓旦旦地说。

“这倒是新鲜！”白猫用质疑的语气问，“那你们老鼠能为人类做什么呢？”

“我们擅长在犄角旮旯里行走，爬高下低也是看家本领，人类去不了的地方我们可以自由穿梭。”老鼠说，“所以，我们打算为人类‘找东西’。”

“什么意思？”白猫对老鼠的话产生了兴趣。

“比如硬币滚到了沙发后面的墙角缝隙里，人类要么找不到，要么取不出来。这个时候，我们就可以帮上忙了。”老鼠的语气里充满自豪，“人类只要把吃剩的残羹冷炙分给我们一点，我们就很乐意效劳。”

白猫赞同老鼠的想法，从此，它们都用自己的长处过上了幸福的生活。

比较优势

比较优势，是个人因天赋或者后天学习形成的相对优势。亲爱的小朋友，你知道什么叫发挥比较优势吗？正所谓尺有所短、寸有所长。每个人都有比别人更出众的地方，善于发挥自己的长处，做擅长的事情，就更容易成功。

和人一样，每个国家也都有自己的优势。有的国家科技发达，生产效率高，能造出物美价廉的汽车。有的国家气候和水土适宜，种粮食蔬果既高产又美味。在这种情况下，就应该发挥各自的优势，擅长造汽车的国家把汽车卖给擅长种植的国家，擅长种植的国家把粮食蔬果卖给擅长造汽车的国家。这种分工与合作，要比自己既生产汽车又搞种植获得的收益更大。

在这方面，开了窍的白猫就做得很棒，换一种方式就轻而易举地实现了吃鱼的目标。它发挥自己擅长抓老鼠的优势，和擅长打鱼的渔夫换鱼吃，这可比自己抓鱼容易多了。

小朋友，你有很多梦想吗？画家、作家、歌唱家还是飞行员？不管是哪个梦想，当我们决定去实现它的时候，可不能光顾着自己喜欢，还要看自己更擅长什么。只有发现自己的优势，并且好好利用它，才能更好地实现梦想，做出更大的成就。

引申思考

一、文章《牛郎织女》里有这样一句话："从此，牛郎在地里耕种，织女在家里纺织。两个人辛勤劳动，日子过得幸福美满。"从发挥比较优势的角度想一想，牛郎为什么不去纺织？织女为什么不去耕种？如果牛郎和织女的工作对换一下，他们的日子还会美满吗？

二、重读《雪梅》一诗："梅雪争春未肯降，骚人搁笔费评章。梅须逊雪三分白，雪却输梅一段香。"想一想，梅和雪分别具有什么样的比较优势？如果它们共同经营一座花园，如何分工与合作，人们才愿意买票观赏呢？

知识延伸 | 扬长避短

释义：发扬优点，发挥有利条件，回避不利条件。

解读：善于利用自己长处的人是"千里马"，善于发现别人长处的是伯乐，兼而有之的是领导。

13 小猴子又下山了（一）

小学语文课本里有一篇寓言，叫《小猴子下山》，说的是下山采摘的小猴子因为挑三拣四最后空手而归的故事。在茂密的山林里，也有这么一只“倒霉”的小猴子。

话说小猴子两手空空回到山上，一见到猴妈妈，就委屈地扑到它的怀里，流下了眼泪。猴妈妈摸着小猴子的头，问它怎么了，小猴子把在山下遇到的事原原本本地说了一遍。

猴妈妈心疼地看着小猴子，微笑着说道：“下山去采摘果实，遇见了诱惑千万要躲开。”小猴子眨巴着眼睛，似懂非懂地点点头。

第二天，小猴子临出门时，猴妈妈又叮嘱小猴子遇见诱惑千万要躲开。小猴子满怀憧憬地又下山去了。很快就到了山脚，小猴子径直来到昨天去过的玉米地，学着祖宗孙悟空的模样，拔出一根猴毛吹一口气，喊一声“变”，然后从裤兜里掏出来一只小麻袋。

“今天我把玉米、桃子和西瓜都装进麻袋，就不用扔了玉米去摘桃子，扔了桃子去摘西瓜了。”小猴子一边摘玉米，一边嘀咕，“如果那只兔子再出现，我就背着麻袋去追，看它还能往哪里逃。”

小猴子开心地掰着玉米，一眨眼的工夫，

麻袋就装满了，可是它忘了自己根本就背不动这么多玉米。小猴子不得不丢弃一大半的玉米。摘桃子时，小猴子又犯了同样的错误，一口气摘了太多却背不动，最后又不得不扔掉一大半，好留空去装西瓜。小猴子超级爱吃西瓜，它最喜欢把西瓜切成两个半圆，用勺子挖着慢慢吃。小猴子想把地里最大的那个西瓜带回家，可是麻袋里已经装了玉米和桃子，剩下的空间容不下这么大的西瓜，除非把里面的玉米和桃子都扔掉。小猴子哪个也不愿放弃，既想吃玉米和桃子，又想吃西瓜，它思来想去，还是拿不定主意，急得抓耳挠腮。小猴子沮丧地想，要是能有孙悟空的本事就好了，那样它就会变出很多的小猴子来帮自己搬西瓜，把田里所有的西瓜都搬回家去。

就在这时，昨天没追上的那只兔子又路过这里，看见小猴子，就扮着鬼脸说："小猴子，小猴子，昨天没抓着我吧，有本事再来抓我呀，来呀！"说完就朝树林里跑。

"给我站住！"小猴子气得浑身的猴毛都竖了起来，也顾不得西瓜了，背起麻袋里的玉米和桃子，拔腿就去撵兔子。但没跑多远，小猴子就累得上气不接下气，头上的汗珠直往外冒，腿也软得跟橡皮泥一样，越跑越慢。

"哎哟哟哟……"小猴子不小心踩到了烂泥巴，脚一滑，摔了个四仰八叉，身上的麻袋也掉进了旁边的大水沟里。它无奈地看着麻袋渐渐沉入水中，难过地叫道："我的玉米，我的桃子……哎哟，我的屁股！"

兔子看到小猴子摔跤，说道："小猴子来呀，来追我呀。"说完一溜烟儿跑远了。小猴子又气又恼，却一点办法也没有，最后又像昨天一样，两手空空地回到了山上。

"山下的诱惑是'老虎'，遇见了千万要躲开。"看来啊，小猴子还没有明白妈妈教它这首儿歌的用意。聪明的小朋友，你明白了吗？

梦想太多怎么办?

作者叔叔小的时候有很多梦想，他在作文里写道：我长大后要当作家、画家、医生、老师，还想当宇航员和黑猫警长（警察），还有很多很多……老师告诉他，有梦想是好事，但实现梦想可不是变戏法，必须付出足够多的时间和努力才有可能实现。

但是人的时间和精力都是有限的，如果在这种情况下要学的东西太多，要做的事情太杂，那怎么够用呢？结果就是学的东西太多，但啥都不精通。如果把时间比作一块蛋糕，学画画切掉一块儿，学跳舞切掉一块儿，学音乐又切掉一块儿……啊，不够切了！因为切成了很多块，所以每一块蛋糕都很小，还没品出滋味就没了。

《小猴子又下山了》这个故事说的也是这个道理。小猴子想把玉米、桃子和大西瓜都带回家，可它的麻袋只有那么大，力气也只有那么大，不可能如愿以偿把东西全都背回家。

想要的太多，但是条件总是不够，这就产生了矛盾。你知道经济学家怎么称呼这个矛盾吗？它就是欲望无限和资源有限的矛盾。那么，应该怎样对待这种矛盾呢？答案在下一篇故事里。

引申思考

如果你变成了乌龟……

乌龟是动物界的长寿星，能活几百年呢。如果有一天早晨，你醒来发现自己变成了一只乌龟。那你打算怎样分配时间？又要实现哪些梦想呢？

知识延伸 ｜ 分身乏术

释义： 不能把身体分开来去做不同的事，比喻很忙，无法兼顾其他事。

解读： 小猴子的身体也是有限资源，所以它希望能“分身”，变出许多“自己”来帮忙搬东西。

14 小猴子又下山了（二）

“妈妈，我真倒霉，今天又是空手而归，还摔疼了屁股。”回到山上的小猴子，揉着屁股向猴妈妈抱怨。

猴妈妈了解了事情的原委后温和地问道：“你在山下遇到诱惑了吧？”

“诱惑？”小猴子很奇怪，“什么诱惑？我没有遇到呀！”

“还记得妈妈交代你，遇到诱惑千万要躲开。”猴妈妈解释说，“你瞧，你又想要玉米，又想要桃子，又想要大西瓜，还想抓兔子，它们都是你的诱惑，你抵挡不住诱惑，就输了，只能失败而逃。”

小猴子好像明白了什么：“妈妈，我懂了，明天我再下山去。”

猴妈妈问：“那你准备怎么做呢？”小猴子使劲儿挠着头，答不上来。

猴妈妈让小猴子去请教高手：“明天早上，你带着我的信先去拜访动物大学的狐狸先生吧，它是妈妈的朋友，它会告诉你答案的。”

月光下，猴妈妈已经睡着了，小猴子的脑袋却还像车轮一样在不停地

转啊转，它在琢磨妈妈的那个问题，可是想了很久也没有主意。终于天亮了，小猴子迫不及待地来到动物大学拜访狐狸先生。狐狸先生是动物大学的教授，也是动物王国著名的经济学家。

狐狸先生戴上眼镜，看了猴妈妈给它的信，随后拿出 3 根玉米、3 个桃子和 1 个西瓜。小猴子一看到它们，就想起了这两天的糟糕经历。

“你的妈妈已经把事情都告诉我了，现在我们一起来研究一下吧。”狐狸先生看出了小猴子的心事，指着桌子上的玉米、桃子和西瓜问道，“假如现在在山下的地里，面前有这 3 样东西，你会带走哪个呢？”

“我想全部带走，可是我力气太小，背不动这么多。”小猴子叹了口气。

“是的，我们的力气是有限的。假如你的力气只能拿 3 根玉米、3 个桃子和 1 个小西瓜，你会怎么选呢？”说着，狐狸先生拿起纸笔开始写起来。

“那我就把他们全部带走。”小猴子掰着手指头做起了算术题。

“你可真是个小吃货！”狐狸先生笑着说，“可是这种选择并不是最优的，因为你得到的快乐并不是最多的。”

小猴子不明白狐狸先生的话，问道：“那我应该怎样选择呢？”

“选择的标准，是看有没有获得最大的快乐和满足，而不是所得到东西的数量。”狐狸先生问小猴子，“玉米、桃子和西瓜，你最喜欢吃哪个？”

“我最喜欢吃西瓜了，用勺子挖着吃，吃完还可以用来乘凉呢！”小猴子高兴得手舞足蹈。

狐狸先生点点头："嗯，既然你更喜欢吃西瓜，那就应该把小西瓜换成更大的西瓜。"说着，狐狸先生把"小猴子的力气 =3 根玉米 +3 个桃子 +1 个小西瓜"这个公式里的"小"字改成了"大"字，"可是这样一来，总重量就超出你的力气范围了，所以你得减少玉米和桃子的数量。"

小猴子不假思索地说："那就减少 1 根玉米和 1 个桃子吧。"狐狸先生摇摇头："我问你，在玉米和桃子中，你更喜欢哪个？"

小猴子干脆地回答："我更喜欢桃子。"

"对嘛，所以方法有两个：一个是多去掉玉米，少去掉桃子，比如去掉 2 根玉米和 1 个桃子。另一个办法是把 3 根玉米全部去掉，3 个桃子全部留下。这样呢，就可以在你背得动的前提下，既得到了爱吃的大西瓜，又多吃了比较喜欢的桃子，这样获得的快乐是最多的。”

小猴子琢磨了片刻，问狐狸先生：“您的意思是说，在做选择时既不能太贪心，也没必要让每个东西都平均得到一点，而是要多动脑筋，要选择给自己带来最多的快乐和好处的东西吗？”

狐狸先生点了点头：“对，这就是选择的学问，你明白了吧？”

谢过狐狸先生，小猴子信心满满地下山去了。这一次，它一定会有不小的收获吧？

黑猫为什么选择当“警长”？

如果把同样的玉米、桃子和西瓜放在 3 只小猴子面前，它们会有不同的选择，因为有的喜欢吃西瓜，有的喜欢吃桃子，有的喜欢吃玉米。人和动物都会按照自己的喜好和目标去进行选择，喜欢推理的福尔摩斯选择了做侦探，喜欢抓坏蛋的黑猫选择了当警长，喜欢研究昆虫的法布尔选择了当昆虫学家。他们都在自己的选择中获得了更多的快乐和满足。

有时候，我们会同时面对很多选择，每一个选择都很诱人，就像小猴子，无论选择玉米、桃子还是西瓜，都能过一把嘴瘾。当我们没法包揽所有选项时，就必须懂得如何取舍——在付出的代价差不多的情况下，努力找到对自己来说好处最大的那个选项，或者组合选项，实现利益最大化。这种智慧和学问，在我们的学习和生活中处处用得上。

学习经济学可以帮助大家在面对复杂的问题和不同的选项时，保持清醒和坚定，用正确的思维做出最有利的选择。

引申思考

给你 10 元钱，怎么花最划算？

外婆给你 10 元钱，让你去超市随便买东西。超市里有 4 种你想购买的商品：

饼干——2 元 / 袋；

酸奶——3 元 / 瓶；

玩具车——6 元 / 个；

智力游戏机——1 元 / 次。

小朋友，你会怎样分配这 10 元钱呢，说说为什么？

知识延伸 | 鱼与熊掌不可兼得

释义：字面意思是鱼和熊掌无法同时得到，比喻面对选择时要懂得取舍。

解读：选对自己价值更大的那个。

15 森林开大会再也不用喇叭了

在文章《动物王国开大会》里，有一只很笨的狗熊。老虎让它通知动物们去开会，它不是忘了说开会的时间，就是忘了说开会的地点。

在一座森林里，这儿的首领——老虎，正打算招聘一名工作助手。

老虎觉得狐狸聪明，于是聘用了它。“如果我忘了说开会的时间和地点，你一定要主动问我。”老虎叮嘱说。

不久，老虎发出指示，要求动物们来参加每月一次的工作大会。狐狸带着喇叭东奔西跑，把什么时候开会、在哪开会通知得清清楚楚。但是开会这一天，猴子、狼和牛还是没有出现。

老虎拍着桌子大发雷霆，让狐狸去兴师问罪。

猴子眼珠子一转，解释说：“狐狸先生，你发布通知的时候，我已经下山采摘去了，没有听到你的开会通知，可不能怪我呀。”

狼说：“对不起，狐狸先生，你发布通知的时候，我已经找小红帽去了，没有听到你的话。”

牛说：“我的耳朵在打苍蝇，没听清你在说

什么，所以没有去参加大会。真是太抱歉了，狐狸先生你不会责怪我吧？”

怎样才能让大家按时参加大会呢？狐狸经过深思熟虑，向老虎提议：“大王，如果把会议的时间和地点固定下来，就不用每次拿着喇叭去森林里通知了，大家都会按时来参加。”

“嗯、嗯。”老虎摸着胡子，赞许地点点头。

当工作大会再次召开时，老虎正式宣布：“爱护环境，从我做起。为了减少森林里的噪声污染，以后通知开会不再使用喇叭了。大会固定在每月 1 号上午 8 点整在森林广场举行，请所有动物准时参加。”动物王国的喇叭从此“退休”了。

一晃又到了开大会的时间。这一次，老虎点名时发现除了猴子，其他动物都准时来到了森林广场。大会开了十多分钟，猴子才上气不接下气地来到会场：“老虎先生，我昨天下山采摘去了，摘了很多玉米、桃子和西瓜，一不小心吃多了，正闹肚子呢，所以来迟了，请你原谅我。”老虎很生气，但却找不到理由批评它。

会开完了，狐狸来到老虎的办公室，献计说：“为了让大家都准时参加大会，咱们还得定一个制度：以后不能参加大会的，要提前告知；不来参加大会又不提前告知的，将会被惩罚。”

从此以后，固定在每月一号召开的工作大会，大家都能准时参加了。可是没过多久又出现了新问题，这是怎么回事呢？

原来，森林里遇到了一件十分紧急又麻烦的事情，这件事关系到所有动物的利益。老虎要求马上召开大会商量对策，可是这个临时发起的会议，怎样才能迅速通知到大家呢？

狐狸说道：“我们可以把大家划分成很多个小组，每个小组选出一名组长，让它们作为会议的联络员。需要开临时会议的时候，就安排跑得快的动物分头去通知这些组长，再让组长们挨个去通知小组成员，这样就能很快开起临时会议，而且也不容易漏掉谁。您觉得这个主意怎么样啊？”

“好主意，你可真是我的好参谋！”老虎拍了拍狐狸的肩膀，采纳了它的建议。从此以后，无论是开全体大会还是临时会议，都变得既简单又高效。年底，狐狸还因为工作表现突出，获得了一个大奖状。动物电视台的记者去采访狐狸，问它是怎么做到的，狐狸得意地说：“我的秘诀就在‘制度’两个字，有了好的制度，事情就好办了！”

制度的作用

小朋友，你明白狐狸接受采访时说的“制度”是什么意思吗？制度就是大家需要共同遵守的规则和要求，就像马路上的红绿灯指挥着交通一样。

制度有什么作用呢？

它有约束作用，还能降低成本，提高做事情的效率。狐狸制定的制度让动物们都能自觉参加大会，这可比用嗓门喊省力气多了，而且效果更好。

总之，好的制度可以帮助我们更好地实现目标。

制度像空气一样包围着我们。国家有国家的制度，公园有公园的制度，学校有学校的制度……遵守制度可以使我们的生活井然有序，避免混乱。

风筝一把扯断了线，炫耀地对火车说：“老兄，我可比你自由多了，想去哪里就去哪里，真痛快！”这时，狂风吹来，风筝失去了方向，在天上惊恐地横冲直撞。

火车说：“我还是觉得不那么自由地行驶在轨道上，才能又快又安全地到达目的地！

引申思考

植物妈妈对种子说：“我的孩子们，现在是冬天，外面可冷了，听说寒号鸟都冻死了，你们可千万别出去玩啊！等春天来了，你们再尽情地发芽开花。”可是呢，有些种子不听话，总想提前溜出去玩，结果头上长冻疮了。

想一想，如果你是植物妈妈，你打算用什么办法让种子们听话呢？

知识延伸 | 建章立制

释义：建立章程，订立制度。

解读：好制度是为玩具车上劲的发条，坏制度是拦路的障碍物。制度不能因循守旧，要与时俱进。

16 小马求表扬

森林小学的一匹小马读了《小马过河》这篇文章后，在妈妈的鼓励下来到小河边，小心翼翼地过了河。

“你真棒！”妈妈伸出大拇指，夸了小马。

爸爸回来了，小马迫不及待地把这件事讲给爸爸听。

可是爸爸并没有表扬小马，只是淡淡地说：“你再过一次河让我瞧瞧，我再决定要不要夸你。”

“哼！爸爸不相信我，我就再过一次河让你瞧瞧我的本事。”小马有点不高兴了。

第二天，小马和爸爸一起来到河边。小马已经过了一次河，就果断地下了河。它像昨天一样，安全地到了对岸。

“爸爸，怎么样啊？我棒吗？”小马仰头看着爸爸，期待着他的夸奖。

但是，爸爸还是没有表扬它，只是不动声色地说：“改天你再过一次河让我瞧瞧吧。”

小马生气了，扭过头，把屁股对着爸爸，甩起了尾巴：“哼，爸爸真小气，不愿夸我。”

几天过去了，小马和爸爸再次来到河边。这一次，小马的胆子更大了，它二话不说就往河里走，爸爸紧跟在它的后面。小马的前脚刚踏进河里，河水就迅速淹到了它的脖子，它的脚没踩着河底，身体马上要歪倒了。“哎哟！爸爸！爸爸！”小马吓得连声叫起来。爸爸把它拽回了岸上。

这是怎么回事？原来，就在前两天的夜里，突然下了一场大暴雨，小河悄悄地长高了个子，可是小马并没有在意。

爸爸安慰小马说：“有爸爸在身边保护你，没事的，过几天我们再过一次河。”这一次，没能成功过河的小马，不再要表扬了。

妈妈知道这件事后，责怪马爸爸让小马受到了惊吓。马爸爸说：“放心吧，我自有主意。”

森林里迎来了连续多日的晴朗天气，小河的水面又恢复到了以前的高度。爸爸给小马读了《小马过河》的寓言故事，问道：“你愿意再过一次河，让爸爸瞧瞧你的本事吗？”

小马想起上次被河水淹没脖子的糟糕经历，把头摇得像拨浪鼓似的。爸爸鼓励说：“我知道你是一匹勇敢的小马，但是光有勇气可不够哦。在下河之前，你还要多观察，多思考，这样才能更好地过河。

我们再来一次吧，我相信你，你相信自己吗？”

于是小马和爸爸又一次来到了河边。这一回，小马变聪明了，它没有急着下河，而是站在河边仔细地观察：河水像第一次过河时那样安静地流淌着，老牛站在河里，河水才刚刚没过它的小腿。小马还是不放心，又伸出一条腿，探了探河水的深浅，这才领着爸爸小心翼翼地过了河。

“哈哈！爸爸，这下你见识到我的本事了吧？”小马好开心啊，笑容像花骨朵一样猛地绽放。

但是爸爸还是没有表扬小马，它指着不远处的木桥对小马说：“前些天，伐木工在河上建了一座木桥，消息灵通的动物都从桥上走过去了，又快又安全，根本不需要冒着风险从河里过呀！”

听了爸爸的话，小马抽动着鼻子，简直想哭了。它难过地说：“我明白了，不假思索地抄袭别人的经验会犯错，不顾环境变化，重复自己的经验也同样会犯错。我有过河的勇气却没有过河的智慧，做得一点儿也不棒。爸爸，我不要你表扬我了。”

“不，爸爸现在要好好表扬你了！”爸爸笑着对小马说。

“啊！为什么？”小马瞪大了眼睛。

爸爸答道：“因为你已经懂得，怎样正确地对待过去的经验，将来一定会受益匪浅的。”

经验是储蓄在大脑里的“参考答案”

经验是一笔宝贵的财富，它储蓄在大脑里，当我们在生活中遇到与过去相似的事情和问题时，可以用它兑换“参考答案”。这样既省时又省力，大大提高了做事和处理问题的效率。这就是经验带来的好处。我们坐在教室里学习，学的其实就是前人总结的知识。

但世界在不停地变化，你遇到的情况和问题，也不可能是昨天的复制版。所以啊，太依赖经验，容易把事情搞砸。

亲爱的小朋友，当你准备去做一件事的时候，既要好好运用经验，又要冷静地观察、思考、分析，看看情况是不是已经发生了变化，就像故事里悄悄出现了“暴雨和木桥”。之后再去琢磨，储蓄在大脑中的经验是否已经贬值了，还能不能兑换到解决问题的“最优答案”。想一想，经验里还有哪些依然是解决当下问题的高招，哪些仍然有用但已不够好用，哪些已经过时甚至变成了错误。把这些弄明白了，你才能马到成功。

引申思考

在《狐假虎威》这篇文章里，狐狸被饥饿的老虎逮到了。它说自己是老天爷派来的，成功地骗过了老虎，救下了自己的小命。想一想，如果狐狸故伎重施，结果会怎样呢？

知识延伸 ｜ 驾轻就熟、生搬硬套

释义： 驾轻就熟，比喻对事情熟悉，有经验，做起来轻松。生搬硬套，指不顾实际情况，生硬地照抄旧经验。

解读： 既要努力做到驾轻就熟，又要防止生搬硬套。

17 独木桥上，山羊碰到了老虎……

两只山羊在一条很长、很窄的独木桥上相遇了，它们都着急去桥的另一边，谁也不肯让谁，争着争着，“扑通”一声全掉进河里了。穿着花裤衩的熊博士刚好在河里游泳，就把它们推上了岸。

两只山羊回到岸上继续争吵。一只山羊威胁说：“马上向我道歉，不然有你好看的！”另一只山羊大声反驳：“道歉的应该是你，要不是你和我争，我怎么会掉到河里呢？”两只羊你一言我一语，越说越激动，眼看又要顶起角来了，熊博士赶紧上前把它们分开。

熊博士是一位经济学家，听两只羊说了事情的经过后，笑着说道：“不就是过桥嘛，何必大动干戈？”两只羊面面相觑，请教熊博士如何过桥。

“独木桥那么小，如果你们都想先过桥，互不相让，结果就是两败俱伤！瞧，都掉河里了吧？所以呀，你们可以互相抱住对方，然后原地转动，就像用圆规画圆那样转圈儿，转到彼此的方向去，这样不就解决问题了吗？”

“哦——”两只山羊异口同声地说，“这个办法真是太棒了，我们怎么就没想到呢？”

没过几天，其中的一只山羊——多多，在桥中央遇到了一只梅花鹿。

山羊提议用熊博士教的办法过桥，梅花鹿也觉得这个办法好。于是它们按照熊博士的方法，顺利地过了独木桥。

又过了几天，山羊多多去西边集市的时候，和正要去东边集市的老虎在独木桥上不期而遇了。这是一只胖老虎，身体看上去比小桥还要宽。老虎傲慢地对山羊多多说：“快给我让路，我要去东边集市买东西。”

山羊多多想起熊博士教它的方法，不慌不忙地说：“你好老虎先生，我去西边集市买东西……”

“我说你快给我让路！”老虎打断山羊多多的话，边说边往前走，逼得多多赶紧往后退了几步。

“老虎先生，我有个办法，只要我们抱着转个圈，就能同时过桥。”山羊多多用请求的语气说。

“我想过桥就过桥，你快给我让开，要不然我吃了你。”说罢，老虎张开大口，露出尖利的牙齿，恐吓地嘶吼了一声，小桥似乎都在晃动。

山羊多多吓得张口结舌，乖乖地退到桥头。老虎大摇大摆地过了桥。

山羊多多很纳闷：为什么梅花鹿愿意和我抱着转圈儿过河，老虎就不愿意呢？它决定不去集市了，去找熊博士请教。

“这一点都不奇怪，因为你和梅花鹿的力量差不多，一旦争起来，谁都很难赢，大家都过不了桥，所以它愿意合作过桥。可是老虎就不一样了，它是森林霸主，力气大，脾气也大，根本没兴趣按你的建议去做。”

“那我只有乖乖让路的份吗？”山羊多多沮丧地低下头。

“不一定哦，你们可以成为合作伙伴，只不过不是抱着对方转圈儿过桥，而是另一种形式。”熊博士说。

“是什么？您快说。”山羊多多催问。

熊博士推了推眼镜，转身去书房写了一封信交给山羊。山羊伸手刚要接，熊博士又把信抽了回去，叮嘱道：“下次遇到老虎的时候，记得把这封信交给它。”

没过几天，山羊多多和老虎又在独木桥上碰面了。老虎凶巴巴地说：“又是你这只山羊，还不知道主动让路吗？”

“老虎先生，我马上就给您让路，但是熊博士让我交给您一封信，您先瞧瞧。”山羊掏出信递给老虎。

“熊博士？哦，我的朋友，它可是一位厉害的经济学家。”老虎好奇地拆开信，边看边点头，然后对山羊说，“好啊，那我们就一起合作吧。”

原来，老虎经常去东边集市买东西，东边集市刚好在山羊多多家的附近。而山羊多多经常去西边集市买东西，西边集市刚好在老虎家的附近。于是它们决定，在自己家附近的集市帮对方买东西然后约好时间到小桥中央交换，换完了东西各自掉头回去。这样一来，谁也不用给对方让路了，既节省了彼此的时间，又免去了跑远路赶集的劳累，真是一举多得。

老虎和山羊多多果然成了合作伙伴。

握手言和还是短兵相接?

优胜劣汰是大自然的法则。竞争也是生活的常态，那么如何应对竞争呢?

如果你和对手的力量旗鼓相当，最好的策略不是对抗，而是寻求合作，这能让双方都获益。山羊和梅花鹿抱着转圈儿过桥，就是合作共赢的例子。

如果你是脆弱的“鸡蛋”，对手是坚硬的“巨石”，那就不能硬碰了，不然一定会头破血流。此时有两个策略：

第一，化敌为友。

第二，避开强敌的锋芒，攻击其弱点。比如狐狸，拼力气它打不过老虎，但是拼智商呢，老虎就不是它的对手了。文章《狐假虎威》就是很好的例子。

当你的力量足够强大时，面对竞争就会有更多的选择：有资格凭实力说话。当你的力量足够强大时，面对竞争就会有更多的选择：握手言和还是短兵相接，主动权掌控在自己手中。

引申思考

两只老鼠同时发现了一只油罐，它们都把彼此视作竞争对手，想独享油罐里的油。但是油罐有点高，油在罐底，它们谁也够不着。假如你是其中的一只老鼠，你有办法通过合作的方式喝到油吗？

知识延伸 | 鹬蚌相争，渔翁得利

释义： 比喻双方争执不休，反使第三者从中获利。

解读： 渔翁心想：“你们使劲儿地争吧，我正好捡个便宜。指望我劝架，那是不可能的！”当我们将来面对各种各样的竞争时，既要努力战胜对手，也要提防被暗处的“渔翁”算计。

18 傻兔子才会和乌龟赛跑

龟兔大赛结束后，森林王国举办隆重的颁奖大会，表彰乌龟坚持不懈爬到终点，庆祝它成为冠军。大家都开心地去参加颁奖大会，只有兔子没有去！

“让我们用掌声欢迎乌龟上台领奖。”主持人百灵鸟带领动物们热烈地鼓起掌来。等乌龟爬到了台上，动物们因为鼓掌太久，手都快拍肿了。

乌龟一下子成了森林王国的大明星，动物们都争着找它签名、合影，小蜜蜂羞涩地为它献上了花蜜。

《森林报》的记者采访了乌龟，写了一篇报道《可笑！兔子居然跑不过乌龟》。乌龟对记者说：“兔子最大的失败不是在比赛中睡觉，而是……”是什么呢？乌龟欲言又止，没有说清楚。

乌龟的话传到了兔子的耳朵里，把兔子气得直翻跟头。它紧攥着拳头发誓：“哼！骄傲的臭乌龟，气死我了，我要报仇。”

兔子向乌龟发起了新的挑战，乌龟二话没说就答应了。为了在新的龟兔赛跑中获胜，兔子把自己种的胡萝卜卖了，买了一双“牛翔牌”跑鞋，来帮助自己跑得更快。

“这一次，冠军一定非我莫属！”兔子信心十足，开始想象自己登台领奖的情形。

比赛开始了，兔子拔腿就跑，地上烟尘飞起，一眨眼的工夫就把乌龟远远地甩在了后面。经过自己曾经打盹的地方时，兔子跑得更快了，就像油门被踩到底的小汽车一样。而此时，乌龟还在起跑点附近，不慌不忙地爬呀爬。

兔子赢了。它想到森林王国将为它举办颁奖大会，大家都来找它签名和合影，报社的记者也会来采访它，简直开心死了。为了让自己更美地出现在照片里，它将自己好好打扮了一通：做了新发型，买了好西装，定制了上等皮鞋……兔子欣赏着镜中不停变换姿势的自己，点着头自言自语："真帅气呀！"

可是兔子等啊等，始终没有等来森林王国为它举办颁奖大会的消息，也没有一只动物来找它签名、合影。最可气的是，《森林报》的记者不但没去采访得了冠军的兔子，反倒去采访了乌龟，问它对兔子夺冠有什么看法。

乌龟接着上次没说全的话说："兔子最大的失败不是在比赛中睡觉，而是和我比赛。如果兔子输了，大家会嘲笑它居然会输给慢吞吞的乌龟。如果兔子赢了，大家还是会嘲笑它，说兔子只敢找乌龟赛跑，赢了有什么了不起的。哈哈，只有智商不及格的傻兔子才会和乌龟赛跑呢！"

第二天，《森林报》上出现了一篇报道——《可笑！跑赢乌龟的兔子可能是个智力障碍者》。兔子看了报道，气得发狂，到处胡奔乱窜，不小心一头撞上了树桩，被《守株待兔》故事里的那个农夫捡了个便宜。

找对手和找朋友一样重要

亲爱的小朋友，在你慢慢长大的过程中，会遇到各种各样的竞争对手，就像争当冠军的乌龟和兔子那样。想一想，如果你想当班长，你的同学小丽、小明也想当班长，但班长只能选一个，怎么办呢？你们就会努力用更好的表现去争取。不管最后谁当了班长，大家都在这个过程中变得更加优秀了，这就是竞争的激励作用。

但是你知道吗？找对手也是一门学问呢，找对了，你会受益匪浅。找错了，就起不到激励自己的作用了。好比这只兔子，它本是自然界的跑步小能手，却错把慢性子的乌龟当竞争对手，这对自己能有什么帮助呢？

兔子应该去和其他擅长跑步的动物比赛，把豺狼虎豹当作对手，这样才能提高自己的速度，赢了值得自豪；输了，也得到了锻炼。

引申思考

动物王国现有两家玩具公司，分别是大熊公司和二熊公司，大熊公司实力更强。后来，市场上突然出现了更多的玩具公司。二熊公司危在旦夕，这时，很多动物建议大熊公司趁机吃掉二熊公司，减少一个竞争对手。但是大熊公司却要出手相救，不让二熊公司垮掉。

想一想，大熊公司为什么要救自己的竞争对手呢？

知识延伸 | 棋逢对手、技高一筹

释义：棋逢对手，比喻争斗的双方本领不相上下。技高一筹，指本事比别人高。

解读：经常和高手切磋，争取技高一筹。

第二章

钱

你知道我国古代的储蓄罐叫什么名、长什么样吗？它的名字叫“扑满”，身上有一条狭长的开口，形状像长方形的肚脐眼。存钱时只要把铜钱从“肚脐眼”里塞进去就行了，不过想取钱买零食可不容易，除非你舍得把罐子砸碎。

想一想，古代储蓄罐上的“肚脐眼”为什么不开得大一些，让铜钱能进能出，这样设计的目的是什么？

1 小猪成了“节约大王”

动物王国举办“崇尚节俭、反对浪费”大赛，选出小猪为“节约大王”、猴子为“浪费大王”，并征求大家的意见。

在文章《小猴子下山》里，小猴子扔了玉米摘桃子，扔了桃子摘西瓜，又扔了西瓜追小兔，最后连根兔毛也没抓到，却白白浪费了玉米、桃子和西瓜。大家都觉得，小猴子被评为“浪费大王”一点儿也不冤，它就该好好反省一下。

可是，对于小猪被评选为“节约大王”这件事，大家却不大理解：小猪的伙食那么好，还超能吃，尤其是吃东西“吧嗒”嘴的样子太讨厌了，穿的也是一身名牌衣服，哪里节约了？

“大家对评选结果不满意，你去解释一下，让它们明白为什么小猪是名副其实的‘节约大王’。”森林之王老虎交代狐狸处理好这件事。

于是狐狸问大家：“既然你们觉得小猪不合适，那你们心目中的‘节约大王’是谁呢？”

“蚂蚁！”动物们异口同声地说，“蚂蚁不仅爱劳动，还非常节省，

每天收获的大米只吃一点点，剩下的全部换成钱存进银行。蚂蚁才是勤俭节约的好榜样！可是它却没有被评为‘节约大王’，太不公平了！”动物们愤愤不平。

“你们说的都是事实，但是问题就在这里。”狐狸正要给大家解释一番，恰好蚂蚁扛着大米气喘吁吁地走了过来。

狐狸叫住了它，不解地问：“天气这么热，你为什么不买一辆小车来运米呢？那可比你把大米一粒一粒地扛回家轻松多了，而且每一趟都能运得又多又快。”

蜈蚣对蚂蚁说：“快把大米放下，歇一会儿吧。”“那边还有好多大米等着我去搬呢，没空在这儿聊天哦！”蚂蚁不想耽误时间，继续扛着大米，喘着气说，“我倒是想过买一辆小车，但是那样我的银行存款就会变少，我很讨厌钱变少的感觉。”

“可是你已经拥有不少财富了呀，买一辆小车让自己舒服一些有什么不好呢？何况小车还能帮你挣到更多的钱，何乐而不为？”狐狸看着蚂蚁吃力的样子，皱了皱眉。

蚂蚁不想多解释，继续扛着大米，迈着沉重的步子，慢慢走远了。

“唉！”狐狸叹息着摇了摇头。

这时，响起了一阵清脆的铃声，小猪骑着一辆时尚的自行车路过这儿，它打算去街上买一袋好吃的零食。

狐狸叫住了它：“猪先生，你

来得正好。你被评选为‘节约大王’，请你介绍一下自己的日常生活吧。”

“好吧！我是个吃货，胃口好得不得了，看到好吃的东西就忍不住。所以我经常去超市买东西，想吃什么就买什么，偶尔也会和朋友一起去饭店撮一顿，美食让我的生活有滋有味。”小猪接着说，“但是我有一个原则：吃多少点多少，如果没吃完，我还会打包带回家。有的服务员还为此笑话我呢，不过我一点也不觉得难堪，因为浪费才是真正丢脸的事。”

“你去的都是高档饭店，吃的都是昂贵的山珍海味吧？”围观的动物们提出了质疑。

小猪赶忙摇头：“不不不！除非有特殊情况，不然我才不去高档饭店呢！小饭店就很不错呀，东西好吃又便宜。”

狐狸点点头：“听说你喜欢穿名牌衣服是吗？哦，你现在穿的就是名牌西装呀。”

小猪憨憨一笑：“是呀，艰苦奋斗不就是为了让生活变得更美好吗？我穿的虽然是名牌衣服，但都是反季清仓时买的，一点都不贵，质量也真不错。我买到了喜欢的衣服，服装店老板和员工也能赚到钱，说不定他们也会用这些钱来买我的产品，间接又把钱还给了我，大家都得到了好处。”

不过，大家还是觉得小猪买名牌西装就是浪费。

狐狸接着问道：“你怎么不开小轿车呢？”小猪不以为然地说：“骑自行车既方便又节约，还能锻炼身体，多好呀！”

面对大家质疑的眼神，小猪说：“我可不是守财奴！我呀，是觉得有些地方应该节省。就拿开车来说吧，石油是不可再生能源，用多了就枯竭了，对谁都没有好处。很多时候其实不必开车，这样就节省了石油，还减少了环境污染。我在饭店吃饭的时候也尽量不用一次性筷子，算是为保护森林做了一点力所能及的事吧。”

“对了，我的刷牙水、洗脸水，还有各种各样的废水，都可以冲马桶！”

小猪说着，跨上自行车往超市去了，它笨拙、滑稽的动作引来一阵哄笑。真是奇怪，大家突然不讨厌小猪了，倒觉得它挺可爱的。

小猪走了，狐狸问大伙儿：“现在，你们觉得蚂蚁和小猪谁才是真正的‘节约大王’呢？”

亲爱的小朋友，你能回答狐狸的问题吗？

钱该怎么花？

节约和小气、消费和浪费就像两对双胞胎，有时候真的很难分辨。你能分得清吗？

节约是为了实现一个目标而减少消费，积累资源，但该花钱的时候舍得花。小气是有能力花钱但不花，该花的钱不花，省钱成了一种习惯。如果这种情况比较严重，那就是“守财奴”了。

消费是在自己力所能及的前提下花钱，满足物质和精神上的需求，提高自己的生活品质，花出去的钱都得到了充分利用。浪费呢，是花出去的钱没有物尽其用，就像小朋友吃饭，吃一口漏半口一样。

故事中的蚂蚁需要买一辆小车，这不仅是正当的消费，也是非常有益的投资，对自己的搬运工作有很大的帮助。蚂蚁有能力买小车却舍不得买，说明蚂蚁把存钱当成了目的，而不是实现目标的手段。这不是节约，倒有些“小气”了。

努力赚钱是为了用钱创造更美好的生活，让我们拥有更多的人生选择。如果已经有了比较充裕的财富，却过分节省，不会合理消费和投资，钱就躺在那睡大觉了，没有产生价值。故事里的小猪，爱吃、能吃，但它花的是自己努力挣来的钱，而且它不是吃光光，就是打包带走剩饭剩菜，这就是物尽其用，花的钱没有浪费！哪怕是买名牌，买了也用得上，就不属于浪费。难能可贵的是，小猪舍得在吃穿上花钱，对待稀缺资源却是一个“小抠门”。它骑自行车，节省了石油；用废水冲马桶，节约了水；不用一次性筷子，保护了环境。所以，懂得什么钱该花、什么东西该省的小猪，才是当之无愧的“节约大王”。

引申思考

兔妈妈总是给小兔子盛半碗饭，说吃完了再盛。小兔子嘟囔着：“妈妈真小气，都舍不得盛满！”你觉得小兔子说得对吗？兔妈妈为什么要这样做？

知识延伸 | 克勤克俭

释义：既勤劳，又节俭。

解读：缺少财富时，要克勤克俭，为致富打基础。拥有财富时，要合理消费，不当守财奴。

2 白鹤姐妹与馋嘴猫

白鹤姐妹在河里捉了许多鱼，它们吃饱了，把剩下的放在柳树旁的洞里，留着第二天吃。

爱吃鱼的馋嘴猫听说了这件事，扛着鱼竿乐颠颠地出发了。河里的鱼可真多，馋嘴猫没费什么工夫，就钓到了几条又肥又大的鲫鱼。它迫不及待地享用起美味来。鱼又鲜又嫩，真好吃呀！馋嘴猫摸着圆滚滚的肚皮，打起了饱嗝。

“有鱼吃真好！今天真是太开心了！”馋嘴猫吃得饱饱的，心满意足地舔着嘴，把剩下的一条鱼随手撂在路边，打着哈欠慢悠悠地往家走。

“等一下！”刚好路过这里的白鹤姐妹叫住馋嘴猫，责备地问道，“你怎么把这么好的鱼丢掉？”

馋嘴猫不耐烦地答道：“我吃不下了，所以扔掉呀！”

白鹤姐妹对馋嘴猫说：“那你可以像我们一样，把多余的鱼储藏起来呀！”

馋嘴猫不以为然地说，“反正河里的鱼多得是，怎么也吃不完，扔了又怎么样？”

白鹤姐妹说服不了馋嘴猫，只好叹了口气，飞到对岸捉鱼去了。它们还和以前一样，吃饱之后，就把吃剩下的鱼放在柳树旁的洞里储藏起来。

从那以后，馋嘴猫每天都去河边钓鱼，吃饱了就把剩下的扔掉，从来都没想过为将来储备食物，成了名副其实的“日光族”。直到有一天，气温骤降，小河一夜之间变成了坚硬的冰河，把鱼儿都封在了冰面下。

“这可怎么办？钓不到鱼吃了，我的美味呀！”馋嘴猫急得团团转，却一点办法也没有。

白鹤姐妹也在冰河边，不过它们可不会饿肚子，因为放在柳树旁的洞里还储藏着前些天没吃完的鱼呢，现在这些鱼可派上用场了。

“白鹤姐妹，可以借给我一条鱼吗？”饿得肚子“咕咕叫”的馋嘴猫去找白鹤姐妹帮忙。“现在你知道储藏食物的作用了吧？”白鹤姐妹说道。

馋嘴猫低着头说：“嗯，我错了，我不该浪费食物，以后向你们学习，把多余的

东西储藏起来，这样就不会在遇到困难时干着急了！”

“这几条大鱼借给你，记得还哦。这两条小鱼嘛，就送给你啦。”白鹤姐妹心肠热，也很慷慨。

馋嘴猫感动得说不出话来。在白鹤姐妹的帮助下，它顺利地渡过了难关。

为什么要储蓄？

白鹤把节约下来的鱼储藏起来，以便将来使用，这就是储蓄。河流结冰没有鱼吃的时候，白鹤可以去吃储藏的那些鱼，就不会挨饿，这是储蓄最大的好处。如果不懂得节约和储蓄，今天收获多少就花掉多少，甚至浪费掉。没有积累，以后遇到生病、事故等意外和困难时，就会像馋嘴猫那样一筹莫展，陷入困境。

另外，储蓄也是积累财富的重要方式。等攒到一定数量，就有能力去做更多事情，满足自己在其他方面的需要，比如买一辆汽车、修一栋房子、去进修学习等。

在储蓄方面，穿山甲是我们学习的榜样。穿山甲最爱吃白蚁，一辈子吃不厌。它每次进餐时，就算再馋，也不会把洞里的白蚁都吃光，而是吃一半留一半。让白蚁不断繁殖，回头再来吃，这样就能有源源不断的美食。穿山甲的这种行为，相当于把一部分财富储蓄在大自然银行里，而白蚁繁殖出来的子孙后代就是它获得的利息。

小朋友，大人平时给的零花钱，你都花光光吗？希望你能省着用，把节约下来的钱放进储蓄罐里。养成储蓄的意识和习惯，将来会受益无穷。

引申思考

你知道我国古代的储蓄罐长什么样吗？它的名字叫“扑满”，身上有一条狭长的开口，形状像长方形的肚脐眼。存钱时只要把铜钱从“肚脐眼”里塞进去就行了，不过想取钱买零食可不容易，除非你舍得把罐子砸碎。

想一想，古代储蓄罐上的“肚脐眼”为什么不开得大一些，让铜钱能进能出，这样设计是什么目的？

知识延伸 | 开源节流

释义：比喻增加收入，节省开支。

解读：没有水源供水，节流也没有可节的，所以开源比节流更重要。小富靠积累，大富靠创造。

3 把鱼存进银行

冬天很快过去了，冰面融化了，小河又欢快地唱起了歌儿。不过，一件让白鹤姐妹烦恼的事也即将发生。

这天，白鹤姐妹又捉到了很多鱼。当白鹤姐妹享受完美餐，准备去储藏剩余的食物时，它们惊呆了——之前储藏在洞里的鱼不见了，只剩下一堆乱七八糟的鱼骨头。

“谁干的！谁干的！”白鹤姐姐气得扑棱着翅膀大叫。“小心！别破坏了作案现场！”还是白鹤妹妹机灵，赶忙说道，“我们赶快报警吧，一定要抓住这个偷东西的坏蛋！”

白猫警长带着黑鹰侦探来了，它们根据地上脚印的形状，查出了罪魁祸首——馋嘴猫。原来，馋嘴猫除了吃就是睡。这天，馋嘴猫做了个美梦。在梦里，它躺在用鱼干做成的床上。等它醒来的时候已经天黑了。馋嘴猫饿得肚子疼，又懒得抓老鼠吃，便动起了歪心思，它悄悄溜到河边，把白鹤姐妹储藏在洞里的鱼偷吃

个精光。

这件事让白鹤姐妹明白，把鱼储藏在洞里很不安全，即使这次不被馋嘴猫偷吃，也可能被别的动物盯上，得想个稳妥的办法才行。

“存到森林银行里吧，既安全又方便，还有额外收益呢！”白猫警长提议。

刚成立不久的森林银行是森林世界的新生事物，白鹤姐妹和大家一样，还不了解它的作用。但为了食物的安全，白鹤姐妹接受了白猫警长的建议，来到了森林银行。

穿着西装、打着领带的金钱豹接待了白鹤姐妹。“欢迎光临森林银行，我们这里有天下最安全的超级‘储蓄罐’，你们的鱼可以放心地交给我们保存，再也不用担心被偷走，而且我们还会付给你们报酬！”金钱豹一板一眼地介绍着。

“免费帮我们保管闲鱼，还给我们报酬？”白鹤姐妹不解地问。

“是啊，我给你们算一笔账，你们一看就明白了。”金钱豹在纸上边写边说，“如果你们在这里存 100 条鱼，一个月后，银行会给你们 1 只虾米作为报酬。如果存两个月，银行会给你们两只虾米作为报酬。如果存三个月……”

“我知道，存三个月的报酬就是 3 只虾米。”哈哈，急性子的白鹤妹妹都学会抢答了，不过她回答得可不对。金钱豹笑着纠正说：“存三个月的报酬是一只小螃蟹。”白鹤妹妹追问道：“那要是存一年呢？”

“存一年，你们会得到 1 条鱼的报酬。存的时间越长，报酬就越多。”金钱豹说。

白鹤姐妹心动了，决定把每天的“闲鱼”都存到森林银行里。金钱豹为它们办了一张“闲鱼卡”，卡上面标注了白鹤姐妹存进银行的鱼的数量。“把鱼存在银行里，果真像白猫警长说的那样又方便又安全，还能增加财富呢！”白鹤姐妹带着“闲鱼卡”，喜滋滋地飞走了。

后来，漂亮的白鹤姐妹被森林银行聘为形象大使。在它们的宣传下，越来越多的动物把暂时闲置的东西存到了森林银行里。森林银行的生意越来越好，金钱豹的工资也涨了一大截。

银行是会魔法的超级储蓄罐

小朋友，你的压岁钱都放在哪里？如果你把它们放在妈妈买的储蓄罐里，那么不管放多久，它们都不会变多，但是放在银行里就不一样啦。

银行就像一只上了神奇大锁的魔法储蓄罐，钱存进去不但非常安全，还会变得越来越多，好像拥有了超能力，源源不断地生出很多“钱娃娃”。“钱娃娃”的名字叫利息，就是白鹤姐妹把鱼存在银行里获得的报酬。

银行有很多，利息也不一样，大家可以选择适合自己的银行。怎么存钱呢？你可以带着钱去银行，请工作人员帮你操作，也可以在银行的自动存取款机上自己完成，自动存款机就是那个会吃钱、吐钱的机器。取钱也一样，把银行卡插进机器的“嘴巴”里，输入密码和要取出的钱的数目，它就乖乖地向你吐钱啦！

引申思考

一、问问大人，为什么人民币上都有一行字：中国人民银行，这个银行是干什么的，能存钱吗？

二、想一想，银行帮人们保管“钱”，给大家带来了很多便利，为什么不收取报酬，反而给别人报酬呢？答案在下一篇故事里。

知识延伸 | 积谷防饥

释义： 储存粮食，防备饥荒，比喻对可能出现的困难提前做出准备。

解读： 储蓄除了能应对不时之需，还能积少成多，将来办大事。

4 馋嘴猫成了鱼塘老板

偷鱼吃的馋嘴猫被白猫警长严厉地训斥了一顿后，决定洗心革面，做一只努力捕鱼、天天向上的猫。

馋嘴猫，改掉了爱睡懒觉的坏习惯，每天都勤快地去河边钓鱼。除了馋嘴猫，翠鸟、鱼鹰、白鹭，骆宾王诗里的白鹅和苏轼笔下的鸭子也来了……来这儿捕鱼的动物越来越多，渐渐地，河里的鱼不够大家分了。

“既然大家都这么喜欢吃鱼，我不如找一个鱼塘专门养鱼吧！这样的话，不仅自己天天有鱼吃，还能卖给大家赚一笔呢。”馋嘴猫捋着胡子，越想越激动，忍不住对自己说，“帅气的小花猫，你咋这么聪明！”

种庄稼需要种子，养鱼也得先有鱼。于是，馋嘴猫更加勤快地去河里钓鱼，它把钓到的鱼分成两份，一份吃掉，另一份放到池塘里当“种子”，让它们繁殖小鱼。馋嘴猫虽然很勤快，但每天能剩下来的“种子鱼”只有一两条。想通过钓鱼的方式攒够“种子鱼”，不知要等到猴年马月，到那时，养鱼的季节恐怕早就过去了。

这可怎么办？馋嘴猫犯愁了。夜里，馋嘴猫躺在床上翻来覆去，左思右想，最后决定向大家借鱼。第二天一早，它兴冲冲地出发了。

鱼鹰的家里一条鱼也没有，它无奈地摆摆手，对馋嘴猫说："很抱歉，我逮到的鱼全都交给主人了，实在爱莫能助。"

白鹭每天捉到的鱼还不够自己填饱肚子，也没有多余的鱼借给馋嘴猫。

馋嘴猫一条鱼也没有借到，它非常沮丧，只好硬着头皮去找白鹤姐妹帮忙。白鹤姐妹建议馋嘴猫去找森林银行的金钱豹。"猫先生，

我们森林银行可以借鱼给你。你要借多少、借多久呢？"金钱豹热情地接待了馋嘴猫。

"太好了，我正犯愁呢。"馋嘴猫开心地伸出爪子和金钱豹握手，"我打算借 100 条鱼，一年后归还。"

"好的，没问题，但是森林银行不能免费借给你，是需要利息的。"金钱豹说，"今天借给你 100 条鱼，一年后的今天，你要准时归还 102 条鱼。多出来的 2 条鱼，就是你支付给森林银行的利息。"

"有了这 100 条鱼，如果顺利的话，明年这个时候，鱼塘里会繁衍出很多、很多的鱼。还给银行 102 条鱼，剩下的鱼就全是自己的收成啦！"馋嘴猫摸着胡子盘算了一会儿，答应了金钱豹。

不过，如果不能及时归还 102 条鱼的话，还会有额外的处罚。想到这里，馋嘴猫的心里沉甸甸的。从此以后，它变得更加勤劳，连梦里都在打理鱼

塘呢。这一年冬天，馋嘴猫的鱼塘喜获丰收，很多动物都来找它买鱼吃，有的还想和它合伙儿一起干。馋嘴猫也很守信用，及时归还了森林银行的100条鱼，并支付了2条鱼的利息。森林银行送来了“诚信养殖户”荣誉牌，馋嘴猫开心地将它挂在鱼塘门口展示。

馋嘴猫初次创业就赚了一笔，这使它更加有干劲儿。第二年春天，它打算扩大养殖规模，于是又去找金钱豹借鱼。由于馋嘴猫很讲信用，森林银行又借给了它很多鱼。接着，馋嘴猫雇用动物界的挖掘机——穿山甲，把鱼塘挖得更深更大，在里面投放了更多的“种子鱼”。这一次，馋嘴猫不仅向大家出售新鲜的鱼，还出售“馋嘴猫”牌鱼丸、鱼辣条和鱼皮花生等各种美食。

馋嘴猫成了大老板，白鹤姐妹也对它刮目相看了。馋嘴猫生活得很开心，它照镜子的时候，总觉得自己好像越来越好看了。

银行赚钱的秘密

在上一篇故事里，金钱豹说，如果白鹤姐妹把 100 条鱼存进森林银行，一年后会有 1 条鱼的报酬。在这篇故事里，金钱豹说，如果馋嘴猫向森林银行借 100 条鱼，一年后需要向银行支付 2 条鱼的报酬。

森林银行把白鹤姐妹存进去的 100 条鱼借给了馋嘴猫，收了馋嘴猫 2 条鱼的报酬，再把其中的 1 条鱼支付给白鹤姐妹，2−1=1，剩下的这 1 条鱼就归银行所有啦。小朋友，你看明白银行赚钱的窍门了吗？

在现实世界中，人们把钱存进银行后，银行不能把所有的存款都借出去，而是要把其中的一部分存放在中国人民银行（我国的中央银行），这些钱叫存款准备金。这样，即使遇到大量储户突然取钱的情况，银行里也有足够的钱可取。

总之，我们有了闲钱可以存进银行，缺钱的时候也可以向银行借钱。但是一定要诚实守信，按时归还，不然会被记入“黑名单”，后果很严重！

引申思考

当你向同学借用铅笔时，她（他）为什么对你说“好借好还，再借不难”，这与向银行借钱有什么相似之处？

知识延伸 | 借贷无门

释义： 没有地方借钱。

解读： 不管是找亲戚朋友借钱，还是向银行借钱，对方都会根据你的还债能力来决定是否借给你。如果偿还能力差，就很难借到钱。

5 老虎币“寻亲”

森林里有一个动物王国，动物们在老虎的统领下安居乐业，过着井井有条的生活。为了方便大家交换物品，动物王国发行了足够多的钱——老虎币。老虎币的正面是森林图案，背面是大家崇敬的王国统领老虎的头像。大家都在努力为王国的其他成员提供有价值的东西和服务，并获得报酬——老虎币，再用赚到的老虎币购买自己需要的东西和服务。

这一年，1 枚老虎币能买到 1 斤苹果。

袋鼠从事的工作是为别的动物照料小孩——把它们放在自己的口袋里带到森林里玩耍。忙碌了一年，袋鼠总共挣到了 200 枚老虎币。它打算买几件新衣服犒劳一下自己。于是便带着 5 枚老虎币兴冲冲地去服装商场，它跳跃的时候不小心摔了一跤，一枚老虎币从它的口袋里掉了出来，滚到了一片树叶下面。袋鼠没注意，爬起来就走了。没过一会儿，大象路过这里，一脚将老虎币踩到了泥土里。

袋鼠在服装商场看中了一件裙子，价钱正好是 5 个老虎币，付钱的时

候它才发现少了1枚。袋鼠沿路寻找丢失的老虎币，但没有找着。它心里难过极了，不停地责备自己。

老虎币待在黑暗的泥土里，想着主人着急、难过的样子，心里也很难受，想快快回到主人的口袋里。老虎币张嘴大喊："主人，我被埋在泥土里了，我在这里！"但是袋鼠根本听不到。老虎币想弄出声响提醒主人，可是身上的泥土实在太多了，压得它根本动弹不了。慢慢地，筋疲力尽的老虎币在地下睡着了。

老虎币这一睡就是两年多。要不是碰巧有一只鼹鼠在这里打洞，把它拱出地面，真不知道它会睡多久呢。

老虎币醒来后第一个想起的就是主人袋鼠，它拍拍身上的泥土，像车轮一样滚动着去找主人。回到主人的家后，却发现袋鼠不知什么时候已经搬走了。老虎币急得直打转，它决定去寻找主人。

老虎币先来到了附近的水果超市，看到超市和以前没什么变化，卖的还是以前那些水果，只是收银员白兔变老、变黑了一点。老虎币走向苹果区，它记得苹果是主人最喜欢吃的水果。看见价签，它发现苹果变贵了。上一次，它的身价刚好可以买1斤苹果，而现在只能买半斤。它又在超市里滚了一圈，发现不仅仅是苹果，其他东西也都变贵了：1枚老虎币原来可以买2斤香蕉，现在只能买1斤；原来可以买2支冰激凌，现在只能买1支；原来可以买半只大西瓜，现在只能买到两小块……

老虎币不知道自己在地下沉睡的这段时间，动物王国究竟发生了什么，让这么多东西都变贵了。正在它疑惑不解的时候，袋鼠推开了超市的门，径直向苹果区走来。老虎币一眼就认出了主人，“骨碌碌”地向主人滚过去，在地上发出热切而急促的声响。

“主人，我在这里，我终于找到你了。”老虎币开心地说。“啊？你是谁？”袋鼠问。“我就是你不小心丢失的那枚老虎币呀！”老虎币提示着主人。

“哦，我倒是有些印象。”袋鼠捡起地上的老虎币，又从口袋里掏出一把老虎币，买了一点水果就头也不回地离开了超市。

与老虎币重逢的袋鼠并没有那么激动，对老虎币在丢失之后的经历也漠不关心，这让辛苦寻找主人的老虎币很难过。

“为什么？”老虎币泪眼婆娑。

白兔了解了事情的原委，对老虎币说：“你的故事真让我感动，可是现实很残酷。你被埋在地下的这段时间，动物王国出现了通货膨胀，市场上流通的老虎币数量，已经远远超过了交易物品所需要的金钱数量，所以东西越来越贵了，老虎币越来越不值钱了。两年前，你可以买到1斤苹果，现在呢，只能买到半斤。虽然你对主人的爱没有改变，但你对主人的价值已经大不如前，它对你不热情也就不奇怪了。”

老虎币还是第一次听说通货膨胀，对白兔的解释也是似懂非懂，正琢磨着，忽然发现收银柜里的一群同类正在交头接耳。它竖起耳朵一听，大家谈论的正是通货膨胀。其中一个看起来很有学问的老虎币说：“我来给你们科普一下什么叫通货膨胀吧。举个例子，假设动物王国只有 10 个苹果和 10 个老虎币，也就是 10 个苹果 =10 个老虎币，也就是用 1 个老虎币能买到 1 个苹果。但是，动物王国为了刺激经济，又发行了 10 个老虎币，对应关系就变成了：10 个苹果 =20 个老虎币，也就是要 2 个老虎币才能买到 1 个苹果，这就是通货膨胀。简单地说，就是市场上的钱比东西多，大多数东西都涨价了。通常来说，钱的购买力每年都会下降一点。”

另一个老虎币愤愤地说：“通货膨胀真是可恶的家伙，害得我们身价下跌。”

有学问的老虎币摇摇头：“话不能这么说，通货膨胀有好处也有坏处，温和的通货膨胀对动物王国是有帮助的。”

“什么叫温和的通货膨胀？又有什么好处呢？”大家虚心请教。

“嗯，这得看通货膨胀率，简称通胀率，也就是钱的价值降低的比例。比如通胀率是 4%，那么今天的 100 枚老虎币，一年后的价值就变成了 96 枚老虎币。”有学问的老虎币被自己的才华打动了，越说越起劲，“好处嘛，就是当大家都知道钱会越来越不值钱时，就愿意多花钱消费。消费的动物多了，生产东西的动物就更有得赚，而且愿意继续扩大生产。而扩大生产，能创造更多的工作机会，增加劳动者的收入。有了更多的收入，大家就更愿意花钱消费，生产东西的动物会继续扩大生产……就这样不断反复，整个王国会变得越来越富有。”

老虎币听懂了，又想到了自己的主人，难过地闭上了眼睛。

通货膨胀：钱不值钱了

通过上面的故事，我们了解了通货膨胀，它的主要特征就是商品和服务的价格普遍上涨。6%以内的通胀率，一般都称为温和的通货膨胀。

虽然温和的通货膨胀有好处，但是作为动物王国的成员， 袋鼠最关心的问题还是怎样保持手里钱的购买力不下降，比如1枚老虎币一直都能买到1斤苹果。

那么袋鼠应该怎么做呢？答案是：跑赢通胀率！

假设你口袋里有100元，当年的通胀率是4%，那么1年后，这100元的价值会降低4%，也就是4元。所以，只要我们想办法让这100元在一年后也能增加到4%左右，就能大致保持了它的购买力。如果能增加更多，比如变成110元，减掉贬值的4%，实际还增加了几元，这就是跑赢了通货膨胀。总而言之，就是让钱生钱的比例超过物价上涨的比例，主要有以下几种方式：

一、消费。把钱及时花掉，当然就不用担心将来东西涨价了。但是可不能把挣到的钱一股脑全花掉哦，不然哪天生病了，或者遇到什么急事了，需要用钱却没有足够的钱，那就有大麻烦了，所以手里还是得有积蓄。

二、储蓄。这是最简单的方法，但是把钱存进银行获得的报酬（利息）比较低，把

100 元放在银行存 1 年大概能获得 1 元的利息，而一般情况下，通货膨胀会让 100 元的价值在一年后减少 4 元左右，减去存银行获得的 1 元利息，实际上还是亏了 3 元钱。虽然还是亏了，但亏 3 元总比亏 4 元好。所以，如果没有更好的办法，就只能存银行。

三、投资。既然商品价格会上涨，那就把手里的钱换成将来能跟着涨价的东西，到时再卖掉。有些东西不但能保值还能增值，像房子、黄金就是比较好的投资对象。但是没有任何东西能保证价格一定会上涨，所以这种方法存在风险，选对商品非常关键。

引申思考

你准备怎么处理储蓄罐里的压岁钱呢?

知识延伸 | 多贱寡贵

释义：货物多，价格就便宜；货物少，价格就昂贵。

解读：物以稀为贵，东西多了不值钱；钱多了，同样也不值钱了。

6 苹果国、香蕉国和橘子国

在一个岛屿上，有三个相邻的国家——苹果国、香蕉国和橘子国。顾名思义，每个国家都只生产一种水果，没有其他品种。

终于，各国人民都吃腻了自己国家的水果，想换换口味。于是三个国家的国王聚到一块儿开会，都表示想吃“别人家的水果”，经过一番商议，他们决定相互交换各家的特产。

但是问题来了：苹果、香蕉和橘子到底怎么交换呢？

苹果国国王说：“苹果比香蕉和橘子甜，所以 1 个苹果 =2 个香蕉 =2 个橘子。”

香蕉国国王摇摇头，不满地说：“香蕉比苹果和橘子香，所以 1 个香蕉 =2 个苹果 =2 个橘子。”

橘子国国王立刻表示反对：“橘子比苹果和香蕉酸，所以 1 个橘子 =2 个苹果 =2 个香蕉。”

会还没开完，大家就因意见不合，不欢而散了。

过了一阵子，在百姓的催促下，苹果国、香蕉国和橘子国的国王又聚到一起开会。这次，苹果国国王改口了，他说 1 个苹果 =3 个香蕉 =3 个橘子。

香蕉国和橘子国的国王惊愕地叫道：“凭什么一个苹果换我们三个，没法聊了！”然后，他们都气冲冲地走了。交易还是没有谈成，各国百姓仍旧吃不到别国的水果。

第二年，香蕉国的香蕉产量大增，香蕉国人怎么吃也吃不完，眼看就要烂掉。同样的情况也发生在橘子国，它们的橘子已经多到白送都没人要了。而苹果国的苹果产量稳定，和去年差不多。香蕉国和橘子国的国王看着堆积如山快要烂掉的香蕉和橘子，心急如焚，于是热情地邀请苹果国国王一起聊天。苹果国国王知道他们的意图——要交换特产，于是欣然赴约。

“上次你说 1 个苹果 =3 个香蕉 =3 个橘子，就这么着吧！”一见面，香蕉国和橘子国的国王就干脆地说。哪知苹果国国王竟然又改口了：“可不是我贪心，要我说啊，现在应该是 1 个苹果 =4 个香蕉 =4 个橘子，你们看怎么样啊？”“什么？上次 1 个换 3 个我们都不干，现在要 1 个换 4 个？”香蕉国国王激动地跳了起来。橘子国国王别过脸，气得胡子不停地颤动。

可生气归生气，香蕉国和橘子国的国王心里明白，4 个换 1 个，也总比白白烂掉强得多。

就这样，苹果国、香蕉国、橘子国开始了国际贸易，三个国家的百姓

都能吃到不同的水果了，生活得也更加快乐了。

到了第二年，香蕉国的香蕉产量变少了，只够香蕉国人自己吃。而橘子国的橘子产量也因为天气原因减产了一半，橘子国人自己吃都不够了。于是香蕉国提出了新的交易条件：1 个香蕉 =1 个苹果。橘子国也提出了新的交易条件：1 个橘子 =2 个苹果。

苹果国国王一脸无奈地答应了两国国王的要求。

又过了半年，香蕉国的科学家发明了一种新的食物——香蕉蹦蹦糖，不但香蕉国人超爱吃，苹果国人和橘子国人也喜欢得不得了，但是香蕉蹦蹦糖的产量少得可怜。国王们又聚到一起开会了，商议后决定：1 颗香蕉蹦蹦糖 =4 只苹果 =4 只橘子。

经过几次交易，苹果国、香蕉国和橘子国已经接受了交易的市场规则：不管是哪个国家，只要它的水果供不应求，大家抢着要，交易价值就更高，就可以换到更多别国的水果，没有比这更公平的了。

国与国之间怎么做生意？钱也有价格吗？

国家与国家之间做生意叫国际贸易。为什么要有国际贸易呢？因为我有的别人没有，别人有的我没有。或者虽然我也能造出来，但是造出来的东西不如别人的好，也没买人家的划算。所以发挥“比较优势”，各自生产自己拿手的东西然后进行交换，对大家都更有利。

现实中的国际贸易可不是你背着一筐苹果，我挑着一担香蕉，他提着一篮橘子，然后找个地方物物交换。而是先用本国的钱购买（兑换）对方的钱，再用对方的钱买对方的东西。

那么我的 1 元钱能买到对方的 1 元钱吗？由于各种原因，通常是不能的。这就有了汇率，也就是用一个国家的钱购买另一个国家的钱，所要支付的价格。比如，新闻里说：某一天的人民币对美元汇率为 6.3702，意思就是说 6.3702 元人民币可以兑换 1 美元。

这个价格又是谁定的呢？大家知道，商品的价格由供需关系决定（供大于求价格就下降，供不应求价格就上涨）。货币是一种特殊的商品，会受到货币政策、货币发行量等因素的影响，最终体现为供需关系上的变化，并导致价格的变化。如果一个国家的商品和服务很好，大家都争着要买，那么就会更多地购买这个国家的钱，然后去买它的商品和服务。这时，在其他条件没有明显变化的情况下，这个国家的钱就要涨价了，也就是汇率上升。

引申思考

蜗牛小姐卖房子，1 元 1 栋，后来涨价到 1.5 元 1 栋，结果大家都去别的地方买房了。结合这个例子想一想，一个国家的“钱”升值了，一定是好事吗，会有什么影响？

知识延伸 | 互通有无

释义：拿自己多余的东西和别人进行交换，以得到自己缺少的东西。

解读：交换东西先交换钱，于是诞生了汇率。

7 绵羊的“份子钱”

山脚下有一片草原，这里生活着一个绵羊部落。绵羊们各有各的营生，有的种青草，有的理发，有的织羊毛衫，有的挤羊奶，有的管理集市……大家辛勤劳动，努力创造着财富，但是头疼的事也不少：附近有一只狼隔三岔五就来侵略绵羊的家园，小绵羊没有地方学知识，干不动活的老绵羊得不到照料……大家都说，如果有一支卫队就好了，如果有一所学校就好了，如果有一家敬老院就好了……可是这些都是要花钱的，谁有能力掏这么多钱呢？谁又愿意掏这么多钱呢？它们思来想去，没有找到答案。

这天，绵羊们正在忙碌着，“敌人”又来了。和以往不同的是，这次来的是狼群。十几只恶狼的突然出现，让绵羊们惊慌失措，四散而逃，有的摔倒后被同伴踩死了，有的受了重伤。

惨痛的教训让绵羊们决心组建卫队保卫家园。“没有卫队就不可能安居乐业！请大家都拿出一份钱，共同建立一

支强大的卫队，这样，我们就再也不用惧怕可恨的狼了！”大家同意了，每一只羊都从自己赚来的财富中拿出一点，让头羊代表大家去建卫队。头羊用这些钱请来了十几只凶狠的猎狗，当绵羊们干活的时候，它们就负责巡逻站岗。从此，狼再也不敢擅自打绵羊的主意，绵羊部落过上了安宁的生活。大家觉得份子钱充分发挥了作用，花得值！

解决了恶狼的威胁，但绵羊们并没有躲开疾病的纠缠。不少绵羊剪毛后淋雨生了病，部落里却没有一家正规的医院，病羊就只能等死。于是大家又纷纷出钱建了一家花很少的钱就可以看病的医院。

趁这次机会，头羊动员说：“大家齐心协力就可以办很多事，你们还有什么愿望，都说来听听吧。”

“可以修一座桥吗？河对岸的草又嫩又多，我们过不了河，只能流着口水干看着。”

“如果能建一所学校，专门教小绵羊劳动技能，那我们的生产能力就会大大提高，大家也可以获得更多的财富。”

“等我老了，干不动活了，我希望有一个地方可以照料我，而不是让我孤独地死去。”

…… ……

绵羊们有很多很多的愿望，你一言我一语。当然，这些事都是需要花钱的，它们乐意出钱。

很快，桥建好了，绵羊们品尝到了河对岸的美味青草；学校开学了，小绵羊们学理发、学挤奶、学织衣，可以帮爸爸妈妈分担工作了；养老院建好了，孤独的老绵羊得到了照料和陪伴；维护秩序的绵羊警察局也成立了，偷东西会被抓起来……绵羊部落用筹集到的钱，建了很多公共设施，为所有的绵羊服务，大家生活得更加幸福。

可是有一只绵羊却打起了歪主意，它是一名歌星。歌星羊虽然很富有，但是它不愿交份子钱。一到交钱的时候，它就混在羊群中，然后偷偷溜走，一分钱也没出，还为此暗自窃喜。后来，歌星羊的行为被揭穿了。

大家都不愿再听它唱歌了！

歌星羊的脸涨得通红，诚恳地向大家道歉，并且老老实实地补交了所有的份子钱。不久，绵羊部落成立了专门负责收钱的税务局，还制定了相关法律！

纳税——国家帮你花钱

故事里，绵羊们交的份子钱就是现实世界里的“税”。有些事情如果做了，所有人都会受益，但也正因如此有些人做这些事的动力就会变小。自私自利的人更希望别人去做，而自己坐享其成，歌星羊就是这样的。但是这些事情又很重要，不做不行，怎么办呢？没关系，国家会帮着做。国家做这些事也需要花钱，大家只要出钱就行了，这就是交税。

无论是企业还是个人，都要交税。换句话说，就是每个人挣的钱，绝大部分都可以留在自己的口袋里，想怎么花就怎么花，还有一小部分呢，要装进国家的口袋里，由国家帮你花。既然这些钱是大家一起挣的，国家会通过各种方式用到大家身上，这叫“取之于民，用之于民”。

建学校，让大家学知识；建医院，让大家生病了有地方看病；建马路，让大家不再一脚下去全是泥；建公园，让大家有个可以散步的地方；通公交，让大家花很少钱就能外出……这些都是用人们交的税钱提供的物品和服务，所有人都能用，所有人都是受益者，所以这些事、物有一个共

同的名字就叫“公共资源”。

如果不交税会怎么样？设想一下，同学们凑份子钱买了一只大蛋糕庆祝毕业，只有一个同学赖皮不愿出钱。可是到了吃蛋糕的时候，他吃得比谁都带劲，大家肯定不会答应，因为这不公平啊。但有人脸皮很厚，就是不交税，能怎么办呢？好办，国家会用法律约束他。

税有很多种，我们每天都在和税打交道。只要我们产生了消费行为，就要交税。人们住的房子、乘的汽车、买的文具、吃的零食都交了税。

个人所得税是你长大后最熟悉的一种税。爸爸妈妈勤奋工作获得的报酬叫工资，假如和老板谈好的工资是每个月 10000 元，但是每个月拿到手的却只有 9000 多，差额部分里，有一部分就是用来交税了。这个时候，爸妈就又多了一个身份——纳税人。

引申思考

一、消防队救火为什么不收费？消防队员的工资和救火产生的花费由谁来承担？

二、猴屁股太红，昆虫以为发生了火灾，赶紧报警。消防队急忙赶来救火，发现是误会。蚂蚁在动物代表大会上提议，猴屁股耽误了消防队的时间，浪费了公共资源，应该收猴子的税来弥补损失。你觉得该收这种税吗，说说为什么？

____

____

____

知识延伸 | 取之于民，用之于民

释义： 来自大家的财富，还用在大家身上。

解读： 如果有人把它偷偷地塞进自己的口袋，只用在自己身上，那就是犯法的贪污行为。

第三章
有趣的商业世界

所谓商业模式，可以简单地理解为经营方式，或者赚钱方式。不同的商业模式会产生不同的效果，与企业的命运紧密关联。好的商业模式不是一拍脑袋蹦出来的， 而是从自己的特点和优势出发，结合市场的需求，从中摸索提炼出来的。它不仅能赚钱，还赚得比较有效率。就像通往学校的路有很多，但捷径通常只有一条。

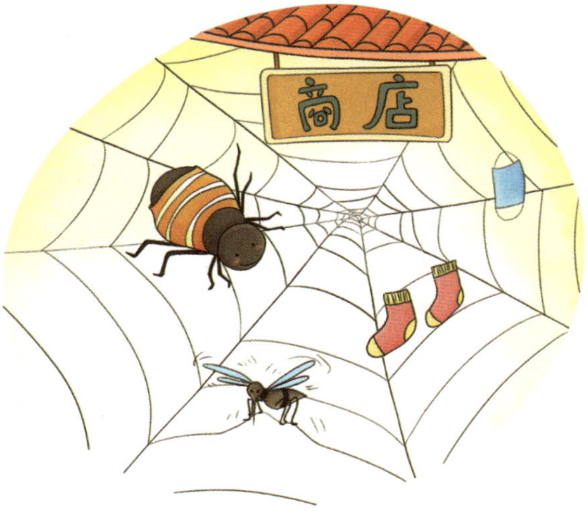

1 蜘蛛的“1元店”终于赚钱了

在一座村庄里，有一只做生意的蜘蛛。它和文章《蜘蛛开店》里的那只蜘蛛一样，卖口罩遇到大嘴的河马，赔了；卖围巾遇到“长”颈鹿，亏了；卖袜子遇到24只脚的蜈蚣，哭了……蜘蛛第一次做生意就损失不小，心里比被蜈蚣咬了还疼，连吃虫子都不香了。

商店歇业了，无事可做的蜘蛛又过起了无聊的日子。一天傍晚，蜘蛛正趴在网上发呆，不知什么时候来了一只青蛙，对它说：“蜘蛛先生，我来……”

“不卖了不卖了，不卖袜子了。”蜘蛛急忙打断青蛙的话。它心想，青蛙的脚虽然没有蜈蚣那么多，但滑溜溜的，要想让它穿着不往下掉，难度可不小，这买卖可不能干！

青蛙笑着说：“兄台，你搞错了，我不是来买袜子的。”“那你来找我干什么？”蜘蛛好奇地望着青蛙。这时，一只胖蚊子撞

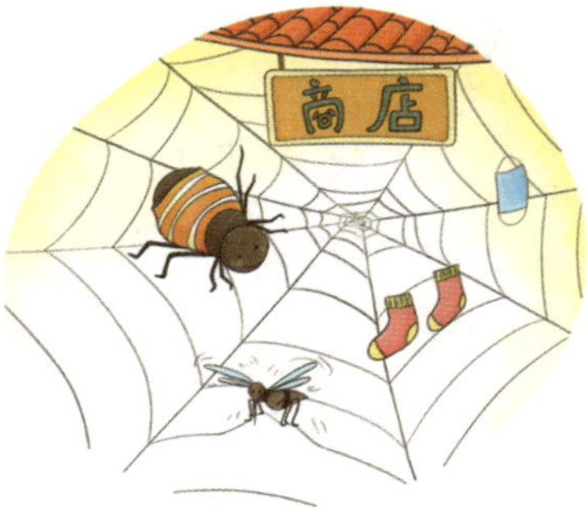

到了蜘蛛网上，拼命地挣扎。蜘蛛网像蹦蹦床一样剧烈晃动起来。

青蛙接着说：“我不但不买你的东西，还要卖一样东西给你呢！猜猜是什么？”

蜘蛛按住了那只蚊子，对青蛙说：“卖东西给我？我有吃的有住的，啥也不缺。”

“我要卖给你的东西可以帮你赚钱，而且比织围巾、织袜子轻松一百倍。但你不感兴趣的话就算了，我现在就去卖给别的伙计。”说完，青蛙转身要离开。

听青蛙这么一说，蜘蛛马上心动了：“等一下，把你要卖的东西拿给我瞧瞧。”

但是青蛙并没有拿出东西来，而是继续卖关子说：“蜘蛛先生，你做编织生意，就是 24 小时不吃不喝不睡觉，一天也织不了几件，价格又便宜，怎么可能挣到钱呢？”蜘蛛觉得青蛙的话不无道理，于是问道：“那你说我应该怎么做？”

蜘蛛的胃口被吊起来了，青蛙开始兜售自己的“商品”：“我要卖给你的东西就在我的脑子里，是一个做生意的金点子，但我不能白给你。”

蜘蛛挑了 5 只虫子扔给青蛙：“好，这 5 只虫子是给你的预付款，等你把金点子告诉我，我再给你 10 只新鲜的虫子。”

“成交！”青蛙做着“OK”手势说，“我的生意经就是让你卖！虫！子！”它加重了语气。

“开虫子店？”蜘蛛摸了摸脑袋，有点蒙。

“对，别再织东西卖了，开个虫子专卖店吧！你只要把织网技术练好，在飞虫经常溜达的地方张网，它们会自己送上门的。接着，你在媒体上打个广告，不想花广告费的话发“朋友圈”也行，爱吃虫子的鸡呀、鸟呀、蝙蝠呀知道了，一定会来光顾的。你看这样是不是既省心又省力啊？”青蛙自鸣得意地点着头，“这真是个妙主意啊！我好想谦虚一点，可是太难了！”

接着，青蛙又补了一句：“对了，我这只青蛙王子也是你的忠实顾客，不过你一定要给我打折呀！”

蜘蛛打算试一试。几天后，它的商店重新开张了，但是招牌换成了：虫子专卖。一元一份，为庆祝开业，买三送一。爱吃虫子的动物们闻讯而来，在店门口排起了长队。这一次，蜘蛛的生意好极了，没过多久就登上了昆虫王国的富豪榜，成了脱贫致富的榜样。昆虫大学请蜘蛛去传授经验，它的演讲题目是：《选好商业模式，虫子变成钱》。

什么是商业模式？

所谓商业模式，可以简单地理解为经营方式，或者赚钱的方式。不同的商业模式会产生不同的效果，与企业的命运紧密关联。好的商业模式不是一拍脑袋蹦出来的，而是从自己的特点和优势出发，结合市场的需求，从中摸索提炼出来的。它不仅能赚钱，还赚得比较有效率。就像通往学校的路有很多，但捷径通常只有一条。

蜘蛛吐丝做编织生意，每天能投入的时间和精力就那么多，所以产量很低。即使每一笔订单都有利可图，收入也少得可怜，养家糊口都勉强。但换个商业模式立马就不一样了：织网逮虫子是蜘蛛的绝技，几乎找不着竞争对手，生意一开张就能垄断市场。更重要的是，蜘蛛的劳动变成了定期检修蜘蛛网，这可比没日没夜地织围脖简单、轻松得多，而且收益更高。以后，蜘蛛还可以招聘好看的蜻蜓、蜜蜂和蝴蝶来打下手，开更多连锁店。

引申思考

聪明的你们，当妈妈给你买的 10 本故事书已经读完了，可是你想读更多的故事书，下面的 3 种方法，你会选哪一个呢（　　）？

A. 让爸爸妈妈给你买新的故事书。

B. 把读过的故事书卖掉，用卖书的钱去买新的书。

C. 去小区广场上摆个“换书摊”，让别人拿书和你交换，每换 1 本收 2 元交易费。等自己把换来的书读完了，再拿出去交换。

知识延伸 | 研桑心计

释义：“研”指计研，春秋时越国范蠡的老师，善于经商。“桑”指桑弘羊，汉武帝时的御史大夫，长于理财。比喻商人擅长经商致富。

解读：财商是正确对待财富、聪明创造财富、科学管理财富的能力，和智商、情商一样重要。故事中青蛙的财商就比蜘蛛高。

2 嘟嘟猫卖迎宾猫

嘟嘟猫做了一个梦。梦里，它乘飞机环游地球，看到了各种各样的动物，欣赏了各式各样的风景，见到了安徒生笔下的美人鱼，快活极了。梦醒了，嘟嘟猫对着镜子发誓要好好奋斗，让美梦成真。但是它知道，要实现这个美梦首先需要努力挣钱，它打算开店做个小买卖。不过，嘟嘟猫可从来没做过生意，它能顺利地赚到钱吗？

卖什么好呢？嘟嘟猫的发小旺旺狗建议说：“你长得胖嘟嘟，看起来很有喜感啊，大家都挺喜欢你！不如你就按照自己的模样生产、销售迎宾猫吧，商家可以把它放在门口迎客，一定会对生意有帮助的。”

嘟嘟猫想了想，并采纳了旺旺狗的建议。很快，嘟嘟猫就联系上一家工厂，说明了要求，谈好了价格，然后租了一间门面，挂上了“迎宾猫专卖店”的招牌。旺旺狗送来了一只庆祝开业的花篮，祝嘟嘟猫生意兴旺。

一个星期过去了，嘟嘟猫一笔生意也没有。它着急了，去找旺旺狗，旺旺狗又找来脑瓜聪明的狐狸，一起商量对策。狐狸对嘟嘟猫说：“你的店铺位置不佳，顾客们不容易注意到，你得主动打广告宣传一下……”话没说完，狐狸就接到老虎打来的电话，急匆匆地走了。

狐狸说的，其实嘟嘟猫也考虑过，只是还没付诸行动。这几天，它留意到附近的几家饭店都在发广告宣传单，揽到了不少顾客。现在经狐狸这么一说，它打算马上就干。嘟嘟猫印制了几千份广告宣传单，宣传单上图文并茂地介绍了自己的商品，还标注了店铺的名称、地址和联系电话，然后和旺旺狗一起向大家发放。可是，小猪看也不看就摆手拒绝了；兔子接过宣传单扫了一眼就扔了；小马比较礼貌，拿着传单走到远处才扔进垃圾桶……就这样忙碌了几天，嘟嘟猫的商店终于开张了，不过只卖掉了一只迎宾猫。狐狸听说了这件事，赶紧跑来劝阻：“哎呀，你们这样打广告可不行——对迎宾猫感兴趣的都是和你们一样做生意的商家，你们随机发给马路上的过客，效果肯定不好呀，而且太浪费时间！”

“那该怎么办？”嘟嘟猫和旺旺狗皱起了眉头。

“我有个朋友在《动物商报》工作，它们的读者大多数是商家，正好是迎宾猫的潜在客户，可以登个报纸广告试试。我问问，看它们能不能给个优惠价。”狐狸掏出了手机。

旺旺狗说：“报纸的传播面很广，效果肯定比发广告宣传单页强，我们试试吧。”

《动物商报》按 5 折友情价帮嘟嘟猫发布了一则广告。效果真不错，广告发布当天，嘟嘟猫就接到了不少咨询电话，有的问价格，有的问款式，还有的说要来店里找嘟嘟猫详聊。嘟嘟猫的“迎宾猫”一下子卖掉了好多，它赶紧联系生产厂家又进了一批货。晚上，嘟嘟猫一边数钱一边笑。

它准备投放更多的广告扩大“战果”。它发现除了报纸、杂志、电视、电台这些传统媒体可以发布广告，路边灯杆、楼宇电梯、公交车身等都可以张贴广告。狐狸说，现在大家每天使用最多的东西是手机，在手机上发布广告效果更好。在狐狸的推荐下，嘟嘟猫选择了一款名叫“动物吃喝玩乐”的手机消费软件，上面聚集了成千上万的商家，比如兔子的蔬菜店、蜜蜂的蜂蜜店、蚂蚁的米粉店……这些商家很有可能成为自己的顾客。嘟嘟猫不但在上面发布了广告，还开了个网店，让千里之外的顾客也能买到它的迎宾猫，9块9包邮到家。嘟嘟猫的生意越来越红火，它邀请旺旺狗成为自己的合伙人，并聘请狐狸为咨询顾问。

正当大家沉浸在喜悦中时，一场危机发生了。嘟嘟猫的销售热线突然变成了投诉热线，有的顾客说迎宾猫见到客人不说“欢迎光临”了；有的责问迎宾猫的胡子为什么掉了；有的抱怨迎宾猫，向客人发出怪异的声响……迎宾猫质量出了问题，顾客们很恼火，纷纷要求退货，还警告说如果不退货就去消费者协会“告状”。嘟嘟猫慌了，赶紧联系生产厂家。对方道歉说，由于对生产环节把关不严，这批货确实有严重的质量问题，并承诺给嘟嘟猫更换合格产品。

嘟嘟猫向买到问题迎宾猫的顾客诚恳道歉，并为大家更换了质量可靠的新产品，并赠送了精美的小礼品。经过这次风波，嘟嘟猫明白了一个道理：广告可以带来好生意，但是如果商品有问题，那就是搬起石头砸自己的脚！

嘟嘟猫的生意越做越好、越做越大，陆陆续续又开了十几家连锁店，小兔、小鹅、小鸭、小鸡……都来帮嘟嘟猫卖迎宾猫。为了增加利润，也为了更好地保障产品的质量，嘟嘟猫投资建造了一家迎宾猫工厂，自己生产自己卖。

嘟嘟猫准备继续投放广告，让更多的消费者知道它的迎宾猫。狐狸建议最好请一位明星来代言。

嘟嘟猫捋着胡子，沉思了一会儿，说：“我看行！”

可是请谁做代言呢？狐狸首先想到了家喻户晓的大歌星喜鹊女士。

嘟嘟猫皱了皱眉：“好是好，但喜鹊小姐可是大明星啊，那要花很多钱吧？恐怕我们请不起！”

大家都沉默了。

突然，狐狸一拍脑袋，“噌”地跳了起来，看着嘟嘟猫兴奋地说：“那就请你为自己代言吧！”

“什么意思？”大家都迷惑地看向狐狸。

“我的意思是，我们要请的代言人就是嘟嘟猫自己。迎宾猫本来就是按照嘟嘟猫的样子设计出来的呀，让它为‘自己’代言，不仅可以省掉昂贵的明星代言费，还能增加消费者的亲切感呢！”

嘟嘟猫被狐狸说服了，它高兴地说道：“哈哈！我的广告语就叫：我是嘟嘟猫，我为自己代言！”

不久，一则“我为自己代言”的广告出现在很多媒体上，大家看了都觉得嘟嘟猫和它卖的迎宾猫太像了，简直就是孪生兄弟。迎宾猫广告取得了巨大的传播效果，加上优良的产品质量，嘟嘟猫的迎宾猫供不应求，顾客们抢着要货。

嘟嘟猫赚到了很多钱，大家都尊敬地叫它嘟老板，旺旺狗和狐狸也获得了不少报酬。但是嘟嘟猫想环游世界的梦想还是实现不了，因为，它不缺钱但缺时间了。

为什么要打广告？不“打”不相识！

广告，就是广而告之，把信息告诉大家。

亲爱的小朋友，你听过“酒香不怕巷子深”这句话吗，你是怎么理解的？其实呀，酒的香气本身就是很好的广告。爱喝酒的人闻到酒香，自然就会去买酒。但再好的酒，香气也不可能传到100公里以外，酒家想要让更多的人知道酒好，做广告就是不错的一招。再说，今天的竞争可比古代的竞争激烈得多，绝大多数商品都有大量对手，不打点儿广告，很可能被消费者无视。不“打”不相识，打打广告，更容易和消费者相识嘛！

打广告的前提是商品质量好、服务好，不然就会出现嘟嘟猫那样的危机，甚至加速破产倒闭。另外，要想清楚东西是卖给谁的，然后找到合适的地方去发布——卖马鞍的广告印在《蚂蚁世界》杂志上，就是往水里扔钱，水泡都不冒一个！

说起广告，你还记得《江南春》这首诗吗？诗里有一句“水村山郭酒旗风”，这里的酒旗就是最古老的广告形式之一。酒旗一般挂在屋顶或屋前的高杆上，酒旗的位置很高，所以很容易被人看到，好像在说“客官，这儿有酒，快来喝呀！”起到招揽顾客的作用。

酒旗上一般写着“酒”字，有的还

加上商家的字号和广告语。比如《水浒传》中武松打虎前去喝酒的那个店家，它的酒旗上就写着“三碗不过冈”，表示酒劲大。

酒旗在古装影视剧里经常出现，名画《清明上河图》中也有，感兴趣的小朋友可以多留意。

引申思考

一、炎热的夏天到了，山羊老板生产了一批很酷的太阳镜，打算卖给羊族。山羊老板觉得大灰狼的形象也很酷，能凸显这批太阳镜的特点，所以想请它做代言。你觉得山羊的想法对吗？

二、想一想，为什么很多企业宁愿多花钱，也要抢着在《春节晚会》的前后时段打广告？

知识延伸 | 门到户说

释义： 挨家挨户去宣传解说，使人人都知道。

解读： 商品想要家喻户晓、众所周知，不仅要花很多钱，而且还要避免不必要的浪费。做广告前，必须清楚对商品感兴趣人是谁，再用他们喜闻乐见的形式，在他们容易接触到的地方进行宣传推广，这样才能花小钱取得大效果。比如妈妈用的化妆品，就不能在儿童频道上打广告，否则就是扔钱。

3 猪爸爸有个好主意

小猪很喜欢和猪爸爸、猪妈妈一起逛超市，不过它还从来没有独自去过超市，也不知道怎么在超市里买东西。小猪还有个坏习惯：一看到自己喜欢的零食和玩具就吵着要买，如果不答应就又哭又闹。猪爸爸、猪妈妈为此伤透了脑筋，终于绞尽脑汁想出了一个办法。

周末的早晨，猪爸爸对赖床的小猪说："小猪猪，今天我们一起做个游戏吧？"

"什么游戏啊？爸爸！"小猪平时最爱做游戏了，从床上一骨碌爬了起来。

猪爸爸说："游戏的名字叫超市购物大闯关，内容就是独自完成一次购物。游戏过程中最多只能犯规两次，超过了次数会被判为闯关失败。"

猪妈妈说："以前都是我们带你逛超市，今天就请你带我们去逛超市吧！你来当游戏里的购物小队长，我和爸爸既是你的队员，也是裁判。领着我们一起闯关，怎么样？""哈哈！听起来很有意思。可是我还不会在超市买东西呀！"小猪从没听说过这个游戏，十分好奇，但又担心自己玩不好。

"没事的，爸爸妈妈不是陪着你嘛！我们会教你怎么做，但是需要你自己动手，遇到不明白的随时提问就好啦！你还可以指挥爸爸妈妈做事哦。”猪爸爸鼓励它勇敢尝试。

“那我们快出发吧！”小猪有点迫不及待了。

“别急，还没公布游戏规则呢！”猪爸爸拿出一个早就准备好的小本子，念道：

·计划好这次购物的总费用，在预算范围内购物。

· 出发去超市前，先把打算买的东西列成清单，购物过程中尽量不要增加新物品。

· 购物过程中不乱跑，防止打翻超市的东西。

· 动过的东西要放回原处，不能随手乱放。

· 结完账才能打开包装。

· 结账时要文明排队，不能插队。

· 别忘了核对购物小票。

· 能拿得动的东西自己提回家。

接着，猪爸爸把小本子递给了小猪：“小队长，先把打算买的东西列个清单吧。哦，对了，这次超市购物大闯关游戏的费用预算是 50 元，不要超出范围哦。”说着给了小猪 50 元钱。“如果超出了呢？”小猪问。

“超出了就算一次违规，而且必须用自己的压岁钱来买单。”说到“压岁钱”时，猪爸爸加重了语气。

“哼，不要，我的压岁钱还存在银行呢！”说着，小猪写下了要买

的东西：笔记本1个、画笔1套、零食2袋……有的商品名称还不会写，小猪就画出来，或者写上拼音。

游戏开始了，小猪举着老师送给它的小红旗，像威风凛凛的将军一样走在前面，猪爸爸和猪妈妈像勇敢的士兵一样跟在后面。没想到的是，小猪一进超市，神气劲儿就像小鸟一样，“扑棱”一下飞走了——它不知道该从哪下手。

猪爸爸看出了小猪的疑惑，提醒说：“购物的第一步是找到要买的东西。超市里的商品虽然各种各样，但都是分门别类摆放的，每一件商品都有自己的固定‘座位’，这样顾客找起来就很方便。”

“那跟我来吧，我记得卖文具的地方在楼上。”小猪挥着小红旗来到文具区，对照清单选好了笔记本和画笔，一共花掉了25元。接着，小猪来到玩具区，在这儿遇见了小兔子。小兔子想买小猪佩奇的毛绒玩具。兔妈妈说家里有，不准买。小兔子不听，坐在地上大哭。

猪妈妈看着小猪，笑着说道：“哈哈，小兔子和你一样呢！遇到喜欢的东西就哭闹。今天你可是购物小队长，别忘了游戏规则哦！”

小猪从小兔子身上看到了自己以前哭闹的样子，有点不好意思地低下了头。

“兔子妹妹，快起来吧，坐在地上会弄脏你漂亮的裙子，那样可就不好看了。”小猪拉起小兔子的胳膊问道，“你看过《小猪佩奇》吗？”

“看过呀，我可爱看《小猪佩奇》了。”小兔子不闹了，奶声奶气地回答。

小猪突然想起，动画片《小猪佩奇》中也有在超市购物的情节：佩奇和乔治按照购物清单去超市买东西，乔治说要买恐龙，大家告诉他：“乔治，这可不在我们的购物清单中。”小兔子说，它也看过这个片段。

“哈哈！”小猪一拍脑袋，对猪爸爸说：“我有个主意，现在我来当乔治，我假装要买恐龙，然后你们对我说：乔治，这可不在我们的购物清单中。”

“好的，队长。”猪爸爸和猪妈妈学着动画片里的样子，陪小猪玩起了角色扮演的游戏。小兔子被这一幕引得哈哈大笑。兔妈妈趁机也模仿着对小兔子说：“乔治，这可不在我们的购物清单中。”小兔子笑得更厉害了，乖乖放下了手里的玩具，牵着妈妈的手离开了。

“小队长，你做得很棒！”猪爸爸握起拳头，“继续带领我们闯关吧，加油！”

小猪挥着小红旗来到零食区。哇！好多零食！小猪好想吃啊！它扔掉小红旗，赶忙去拿自己喜欢的零食。双手不够用了就抱在怀里，有几个零食还从臂弯里掉到了地上。

“哎呀，我们的购物小队长忘记游戏规则了！数量和费用都超支了！猪妈妈别忘了记上：违规 1 次。”

猪爸爸突然说话了。

“啊！”小猪一惊，怀里的零食“哗啦哗啦”地往下掉。

“唉，我怎么忘记规则了呢？一下子拿这么多。”小猪好懊悔呀！最后，它只留下了自己最喜欢的薯片和米饼，两样一共 15 元，加上刚才买笔记本和画笔的 25 元，50 元的购物预算还剩下 10 元。小猪看看猪爸爸，又看看猪妈妈，用眼神问道：我应该怎样处理这 10 元余额呢？“我们的游戏规则是：按清单购物，并且不要超出预算范围。如果清单上的东西买齐了，就可以结束这次购物，也可以用剩下的钱再买一点别的东西。不过尽量不要这样做，没用完的钱可以放进储蓄罐。现在要不要继续买，你自己决定哦。”猪爸爸说。

“好吧！那我还是不买了。”说着，小猪把掉在地上的商品重新放回货架原位。营业员看到了，直夸小猪讲文明有礼貌，不乱放东西。

小猪拿着猪爸爸给的 50 元钱就要去收银台，猪妈妈提醒它按次序排队结账。

快到小猪付钱了，它突然发现白胡子山羊正拎着东西排在自己后面，于是它把山羊扶到自己的前面，客气地说道：“山羊老爷爷，您先结账吧。”

“真是懂事的小猪！谢谢你！”山羊说。结完账，小猪举着小红旗往外走。

猪妈妈赶紧提醒它："能拿得动的东西自己提回家，也是游戏规则哦。"

小猪转身拎起购物袋，没走几步，突然想起什么，又跑回收银台——它差点忘了拿购物小票。

"你们都不提醒我，是不是故意想让我输掉游戏啊！"小猪责怪地说。

"哎哟，真忘了，还是咱们的小猪记性好！"猪爸爸夸奖道。

虽然小猪按照游戏规则拿了购物小票，但它并不知道这张小票有什么用，于是向猪爸爸请教。

"那就有请博学的猪爸爸来为你讲解吧。"猪爸爸假咳了两声，摆出一副大教授的样子，"购物小票就是你在商家购买东西的凭据，主要有两个作用：第一，可以核对上面的物品和价格，看看有没有错误，比如收银员有没有算错商品的数量。第二，如果回家后发现买的东西有问题，可以凭小票要求超市更换或赔偿。如果忘了拿购物小票或者直接扔了，就没法证明东西是从哪买的，就只能自认损失了。所以啊，购物小票应该保管好。"

超市购物大闯关游戏结束了，小猪在猪爸爸和猪妈妈的帮助下闯关成功。这真是一次有趣又有意义的经历，小猪学到了很多购物知识。

但小猪到现在还不知道，这是猪爸爸和猪妈妈为了教会它文明购物，想出来的好主意呢！

你会超市购物吗？

亲爱的小朋友，你一定经常去超市吧？但是你知道吗，在超市除了能买到想要的东西，它还能给你不少启发和帮助呢！

一、在预算内购物，尽量不要超支。这样做，有助于锻炼你的理性消费能力，将来才能避免冲动消费。

二、小猪按清单购物的做法值得学习，既能更好地抵抗购物时的诱惑，避免乱买，又能培养做事有条理的好习惯。

三、每一次购物，金钱都是有限的，想买的东西却那么多，所以要学会选择和取舍，买自己最需要、最想要的东西。

四、超市将物品分类摆放，是为了让顾客更快地找到自己想要的东西，既省心省力又节省时间。这对你有什么启发吗？尝试着以不同季节为标准将衣服分类放置，对常用的书本和文具也要分类收纳，这样找起来会轻松很多！

五、超市是公共场所，应当举止文明，不哭不闹，不乱拿乱放东西，动过的东西要物归原处。还要有公德，比如结账时不插队，礼让老人等。

六、买东西离不开算账，所以逛一趟超市就好比温习了一遍数学题。如果你数学不好，可以多逛逛超市。

七、买到了问题商品，可以找商家沟通，要求更换和赔偿，这是每一位消费者的权利。如果对沟通的结果不满意，还可以拨打 12315 向消费者协会投诉，请他们帮你维权。为了更好地保护消费者的合法权益，我国还制定了《中华人民共和国消费者权益保护法》。

八、孝敬长辈从小事做起，和家人一起去购物时别忘了当好小助手，力所能及地帮大人拿东西。你会发现，简单的劳动也能带给你满满的快乐和成就感。

引申思考

想一想，为什么玩具一般放在超市靠里的地方，而棒棒糖却总放在收银台旁？

知识延伸 | 量入为出

释义： 根据收入的多少来决定花钱的限度。

解读： 财富需要积累。挣一块钱花两块钱，生活就会像冬天穿着一件破衣服，不是这里漏风，就是那里漏风。想当富翁，先别当“负”翁。

4 大嘴猫逛超市

大嘴猫喜欢逛超市，可是每次一逛完超市就开始后悔，因为不是买贵了，就是图便宜买回了一堆派不上用场的东西。大嘴猫决心成为一只会聪明购物的猫，便用6根胡萝卜作为报酬，请来哈哈兔陪着自己逛超市。哈哈兔是远近闻名的购物顾问，能帮助大家买到物美价廉的东西。

正好，附近有一家超市在开展促销活动，推出了一些打折商品，比如鸡蛋只要9分钱1个，这简直等于白送。还有大嘴猫爱吃的小鱼仔，才5毛钱1条，好便宜啊。大嘴猫看着广告单页上的食物图片，舔了舔嘴，拉着哈哈兔出发了。

“哈哈兔，我们去逛超市，你背个板凳干什么？”大嘴猫看到哈哈兔竟然背着一个四脚板凳，没忍住笑。

哈哈兔神秘兮兮地说：“这可不是板凳，待会让你见识它的神奇。”

一进超市，大嘴猫就被入口处的羊奶粉促销吸引住了。促销员羊小姐吆喝着：来自大草原的好羊奶，原价5元，现价1元……“哇，好便宜啊！我要买

一整箱回去慢慢喝。”大嘴猫快步上前，伸手就要拿羊奶粉。哈哈兔拦住了它：“别急！降价这么多的羊奶粉可能是临期食品，先看清楚再说。”

“什么是临期食品？”大嘴猫问。

哈哈兔说：“临期食品就是快到保质期的食品。食品都有保质期，过了保质期的食物会吃坏身体的，也就不允许再卖了，所以商家用低价来加速临期食品的销售。”

“可是卖得这么便宜，不会亏本吗？”大嘴猫继续发问。“是的，价格太低的话确实会亏本，但如果不这样，保质期一过就不能再卖了，岂不是亏更多？”说着，哈哈兔拿起一盒羊奶，指着包装盒上的生产日期和保质期给大嘴猫看，“还有半个多月就要过期了，你要是喜欢喝，也不能买太多。多买肯定喝不完，到时就只能扔掉，太浪费了。”哈哈兔拉起大嘴猫的胳膊说，“我们还是去奶品专区看看吧，那里的羊奶粉多得是。”

来到奶品专区，大嘴猫一眼就瞥见了自己爱喝的“鲜牛牌”羊奶粉。这回，它变得谨慎了，特地看了下生产日期，是三个月前生产的，保质期还有两个多月。大嘴猫提了一箱羊奶准备往购物车里放，不料又被哈哈兔拦住了。

“别急，让我们看看还有没有更新鲜的。”哈哈兔把背上的板凳放下来，拉开了板凳下面的拉链——原来板凳是一只背包呀——里面放着一排工具。哈哈兔拿出一个乒乓球拍形状的物品在货架上一扫，上面立刻显示出一串信息。

“货架里面还有生产日期更近的羊奶粉，才上市半个多月。我们把外面的羊奶粉挪开，买里面的吧。”哈哈兔建议。

大嘴猫惊讶极了，它从没见过这么神奇的工具，也从不知道超市会把更新鲜的羊奶粉“藏”起来。看到大嘴猫惊讶的样子，哈哈兔解释说：“超市摆放商品可是有门道的，会把生产日期早的，放在货架的最外面，把最新鲜的，放在最里面，让大家先买生产日期早的东西。别怕费事，翻一翻，你就可能买到更新鲜的。”

大嘴猫伸出大拇指，佩服地说：“你可真聪明！”

接着，它们来到了卖鱼子酱的地方，各种牌子的鱼子酱摆满了整整一个货架。馋嘴猫的目光停在了一款名叫“好吃不贵”的鱼子酱上，它被这个名字吸引住了。

“你看这款鱼子酱怎么样？好吃又不贵！”馋嘴猫问道。一回头，咦？哈哈兔哪去了？低头一看，哈哈兔正趴在地上呢。

“哈哈兔，你趴地上干什么？快来帮我看看这款鱼子酱怎么样。”大嘴猫催促着。

哈哈兔没搭话，继续趴在地上找货架上的东西。“哈哈兔……”大嘴猫提高了嗓门。

“听到啦，我正在找鱼子酱呢！”很快，哈哈兔就从最底层的货架上挑出了一款鱼子酱，对大嘴猫说，“你手上那款鱼子酱不实在，看看我这个，知名的老品牌，质量好，价格还便宜

一点，这才是真正的好吃又不贵。”

大嘴猫一看，这个牌子的鱼子酱以前它也吃过，味道确实不错，而且现在的价格更便宜了。大嘴猫琢磨着：把这样物美价廉的鱼子酱放在不容易注意到的地方，难道又是超市的“把戏”？

的确，就像哈哈兔说的那样：“同样的商品，超市会把贵的、最赚钱的，放在和顾客眼睛高度差不多的地方，既醒目又顺手，好而不贵的一般会放在不那么容易看到的高层或者低层货架上，要抬头或者弯腰才能看到。所以要想买到物美价廉的东西，就不要只盯着眼前顺手的东西，不要忘了上下打量一番。”说着，哈哈兔把背上的板凳背包放到地上，站上去查看货架高处的鱼子酱。经过比较，它们觉得还是刚才趴地上找到的鱼子酱更实惠。

“原来你背着板凳是为了看货架的高处。”大嘴猫明白了。

它们又逛到了二楼，这里有不少商品正在打折促销，有的打 9 折，有的打 8 折，还有的打 5 折，大嘴猫摸摸这个，捏捏那个，又想买了。

哈哈兔从板凳背包里掏出一面形状奇怪的镜子，炫耀地向大嘴猫晃了晃，问道：“知道这是什么吗？”还没等大嘴猫说话，它自己就抢答了：“这是‘照妖镜’！”

哈哈兔用“照妖镜”照了照商品打折后的价格，镜子上立刻出现了一个数字。“你看镜子上的这个数字——16.5 元，这是商品的原价，你再看它现在打 8 折后的价格，是 16 元。”哈哈兔分析着。

“这是什么意思？”大嘴猫挠着头。

“这就叫先涨价再打折——超市故意把东西的原价调高了，从 16.5 元调到了 20 元，再以 8 折促销的名义降价到 16 元，实际上就比原价便宜了 5 毛钱。但是很多顾客一看打 8 折，就赶紧掏钱了，其实这正是商家的套路。所以，对待打折的商品，咱们一定要冷静，通过不同的渠道多比较一下，就知道是真优惠还是商家玩的把戏了。”哈哈兔说得头头是道。

“原来打折促销都是玩把戏！”大嘴猫气愤地说。

“那倒不一定，有些优惠是真的优惠，甚至是亏本价，确实可以帮我们省钱。不过这些商品很少，一般都是大家熟悉的日常用品，比如鸡蛋、饮料之类。商家这样做，是为了用这些低价商品吸引大家去消费，而超市里其他的东西并不便宜。”哈哈兔说。

大嘴猫和哈哈兔不知不觉就逛了大半个上午，买了一购物车的东西。因为有购物顾问哈哈兔的指导，这一次，大嘴猫买到了不少既好又便宜的物品。道别的时候，大嘴猫再次发出邀请，希望哈哈兔过几天再陪自己去买几件新衣裳。不仅如此，它还对哈哈兔那些神秘工具念念不忘。

超市里的“把戏”

亲爱的小朋友，你会逛超市、会买东西吗？逛超市可是一件不简单的事情，既要控制自己的“买买买”冲动，又要让自己买到物美价廉的东西。

让我们再来回顾一下哈哈兔给大嘴猫的建议：

一、不要因为便宜去买自己不需要的物品，或者购买数量超过了实际需要。不然物品放在家里占地方，扔了又舍不得。

二、注意食品的保质期。生产日期最近的食品一般会放在货架的里层；而容易看到和拿到的，有可能价格不实在，或者不够新鲜。

三、不要被促销打折迷惑，“货比三家”才能少吃亏。再补充一条哈哈兔忘了说的：最好不要饿着肚子逛超市，不然很难抵挡食物的诱惑。

引申思考

一、重读《青蛙卖泥塘》这篇文章，帮青蛙出个主意，让它一开始就能顺利地卖掉烂泥塘。

二、为什么超市的购物车那么大？是因为人们购物时需要装那么多东西吗？体现了超市什么样的小心思？

知识延伸 | 无商不奸

释义： 不奸诈就不是合格的商人。

解读： 古代米商做生意，盛米的斗装满后，还要多舀一些，让米斗冒尖儿，被人们称之为“无尖不商”。后来，“无尖不商”慢慢演变成了“无商不奸”。

5 商店里有“诱饵”

蚂蚁学校组织春游活动，让大家提前备好食物，蚂蚁多多打算买一些面包。就在几天前，它家附近新开了一家超市。这家超市的商品种类很少，面包竟然只有一种牌子。蚂蚁多多从没见过这种牌子的面包，不知道好吃不好吃，也不清楚价钱算不算贵。它决定还是去别的超市再找找。

“多多！”埋头走路的蚂蚁多多听到有人叫自己的名字，抬头一看，原来是同学蚂蚁少少。

它们碰了碰触须，打了个招呼，问对方要去哪儿。

蚂蚁少少回答说：“我要去你家那边的超市买面包。”“啊！”蚂蚁多多赶忙说，“别别别！我刚从那出来，现在正要去你家那边的超市买面包呢？”“为什么呀？你那家没有面包卖吗？”蚂蚁少少不解地问。“有倒是有，可是只有一款面包，我都没法挑选呢。你那边超市里的面包品种多吗？”蚂蚁多多问道。蚂蚁少少也赶紧摆了摆手说：“别别别！我刚去过那里。那家超市的面包品种实在太多了，价格

也是五花八门，看得我眼花缭乱。”

蚂蚁多多说：“有那么多牌子的面包让你挑选还不好吗？”“但是实在太多了呀，我觉得这个也好，那个也不错，各有各的优点，比来比去，还是不知道到底买哪个才又好吃又划算。我可不希望自己选错了，那样我会后悔的。所以我要去你那边的超市买面包呢！”蚂蚁少少抱怨着。

最后，两只蚂蚁商量了一下，打算一起去另一家超市转转。巧了，这家超市里有 3 款面包，比起另外两家，这家既不多，也不少。

蚂蚁多多说：“好极了，这下我有的挑了！”

蚂蚁少少说：“好极了，这下我的选择困难症有救了。”

这 3 款面包的价格分别是 10 元、6 元和 3 元。蚂蚁多多和蚂蚁少少都拿了 6 元的面包。“看来咱俩臭味相投！”蚂蚁多多说。“唉，瞧你语文学得多差！”蚂蚁少少说，“什么臭味相投，这叫

英雄所见略同好吧！”“哈哈！”蚂蚁多多有点不好意思，问蚂蚁少少：“你爱吃这款面包？”

蚂蚁少少说：“我不知道自己是不是喜欢吃这款面包，但我觉得 10 元的太贵了，3 元的又太便宜，可能 6 元的比较合适，买了应该不会后悔。”

“我俩一样啊，你怎么抄袭我的想法？”蚂蚁多多有点惊讶。

“谁抄袭谁啊？真是的。”蚂蚁少少不屑地说。

买好了面包，蚂蚁少少要请蚂蚁多多喝奶茶。它们一起来到奶茶店。蚂蚁多多翻看着商品目录，找到爱喝的柠檬味那一页，可是光是这个味道的奶茶就有 3 种类型，价格分别是 15 元、12 元和 7 元，蚂蚁多多没多想就选中了 12 元的那一款。

蚂蚁少少问服务员：“你们家哪款卖得最好？”

服务员说：“12 元这款卖得最好，10 个顾客就有 9 个会选它。”

“为什么啊，难道这款最好喝？”蚂蚁少少盯着奶茶图片，想找到它受欢迎的奥秘。

蚂蚁多多突然一拍脑袋说：“噢，我好像明白了。你看，我们买面包和奶茶的时候，是不是都选了既不是最贵的，也不是最便宜的那种？”

“是这样哎！这是怎么回事？”蚂蚁少少也觉得奇怪。

两只蚂蚁一边喝着奶茶，一边思考着，但是它们还是没弄明白其中的原因。亲爱的小朋友，你觉得这只是巧合吗？其中蕴含着什么道理？

东西太多如何选择?

蚂蚁多多担心买不到物美价廉的面包，所以没有买。而蚂蚁少少则因为选择太多，比来比去、犹犹豫豫，也没有买。对蚂蚁少少来说，买面包这件“小”事的代价一下子变高了，既费脑子又费时间。

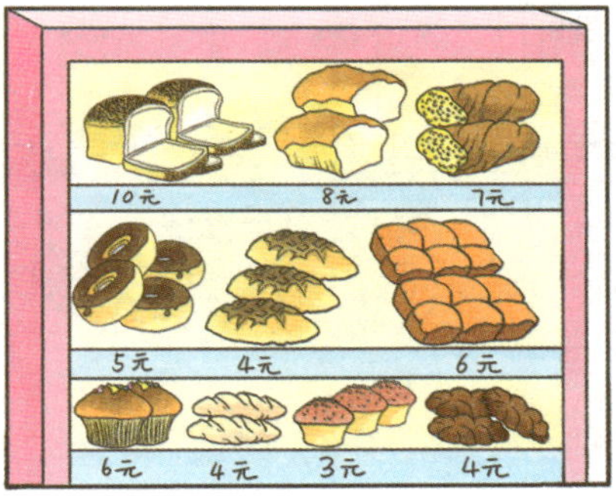

商家把货架塞满各种面包，本意是让大家能挑选到自己喜欢的，没想到事与愿违，于是他们请来了“诱饵”——中间价格的商品。

两只蚂蚁为什么不约而同地选择了中间价格的面包和奶茶，是因为它们最物美价廉吗？当然不是啦！这是因为当消费者不知道买哪个的时候，会更喜欢买中间价格的商品。他们觉得这样更保险，不容易后悔。商家利用消费者的这种心理，故意增加一些选项，从而让处于不上不下位置的商品更好卖。以奶茶为例，如果奶茶店只卖 12 元的奶茶，而消费者并不清楚它是否值这个价钱，可能会放弃购买。当增加了价格更高的 15 元奶茶和价格更低的 7 元奶茶时，就有了比较，那么 12 元奶茶的吸引力一下子就变大了。消费者心里会想，12 元奶茶不贵也不便宜，买它准没错。其实呢，

12 元奶茶可能正是商家希望多卖的高利润商品，15 元奶茶和 7 元奶茶只不过是声东击西的“诱饵”罢了。

如果这两只蚂蚁懂得经济学，它们就会这样做：第一步，想好花多少钱买面包和买什么口味的面包。

第二步，去一家面包比较多的超市。

第三步，按照第一步中的标准挑选面包，只要找到了符合条件的面包就果断购买。这可能不是最好的选择，但已经是足够好的选择。虽然继续挑选有可能找到更物美价廉的面包，但是付出的时间和精力也会变多，在成本和收益的比较上，未必是最合算的。

引申思考

你心爱的两只宠物同时掉进了河里，马上就要淹死了。假设你有希望救下其中的一只，但必须在 3 秒钟内作出决定，从成本和收益的角度想一想，应该怎么选择？

知识延伸 | 琳琅满目

释义： 形容美好的东西很多。

解读： 如果超市里的商品稀稀拉拉，会给人生意萧条的感觉，打击人们光顾的热情。相反，商品琳琅满目，才能吸引更多的顾客光临。

6 双胞胎兔子的卖菜比赛

大兔和二兔是一对孪生兄弟，长得超级像，但是大兔在挣钱这件事上似乎比二兔更有天赋。兔爸爸开了一家蔬菜超市，大兔放学后经常去帮忙，顺便学到了不少做生意的小窍门。街坊们都夸大兔聪明，说它将来肯定是个做生意的能手。二兔很不服气，吵着要和大兔比试比试。大兔自信地说：“比就比，谁怕谁呀！”

怎么比呢？它们让兔爸爸出个题。兔爸爸说：“你们在爸爸的超市里随便选一样东西，分别拿到集市上去卖，在规定的时间里，谁赚钱最多，就算谁赢，你们看行吗？”大兔和二兔都答应了。二兔撇撇嘴，心里嘀咕：这个规则既简单又公平，我倒要看看大兔到底有什么本事能赢我。大兔对二兔说：“想卖啥，你来挑吧，不然你输了准会赖我选错了东西。”

二兔也不客气，指着胡萝卜说就卖它。于是兔爸爸装了两袋一样重的胡萝卜，交给兄弟俩：“现在正好是早市时间，大家都会出来买菜，你们出发吧，两个小时后回这里集合，我来评判谁赢谁输。赢了有奖励，输了要受罚哦！”

兔子家的东边有个集市，西边也有个集市，两个集市差不多大，赶集的居民也一样多。大兔又让二兔先选，二兔说：“刚才你让我先挑东西，现在我让你先选集市，公平！”

“好吧，那我就不客气了，我去东边集市吧。”大兔说。于是兄弟俩分别在东、西集市摆起了摊。两个小时后，大兔的胡萝卜卖掉了一大半，二兔却只卖掉了一小半，大兔赚到的钱也比二兔多出不少。

大兔自豪地对二兔说：“我赢了！”可是二兔还是不服气，找借口抱怨说：“不行，去东边集市买菜的动物肯定更爱吃胡萝卜。我要和你换集市，你有胆量和我再比一次吗？”兔爸爸正要批评二兔耍赖，可大兔却干脆地

答应了。

第二天，大兔去了西边集市，二兔去了东边集市。比赛结束了，大兔的胡萝卜全卖光了。再看二兔，还不如昨天在西边集市上卖得多。本以为二兔这下能老老实实地认输，可是二兔居然又找了个奇怪的理由，它嘟着嘴对大兔说：“肯定是大家更喜欢你，所以爱买你的胡萝卜。不行，我要和你换换，再比一次。”

“换什么？”大兔不解地问。

“我要和你换衣服，这样大家就会把你当成我，把我当成你，它们一定会多买我的胡萝卜。”二兔一本正经地说。

“亏你想得出这种主意！”大兔差点笑岔气。不过它知道二兔根本赢不了自己，就答应了。兔爸爸也提醒说这是最后一次比试，愿赌服输，不准再耍赖。

比赛又开始了。二兔换上了大兔的衣服，大家果然把它当成了大兔，还主动和它打招呼。二兔心里嘀咕：我就说大家喜欢大兔嘛，才让它赢了。几只兔子走了过来，看着二兔的胡萝卜说：“大兔啊，你的胡萝卜怎么变贵了呀？昨天不是 4.95 元 1 斤吗，今天怎么变成 5 元了？”

“不就差 5 分钱嘛！”二兔向大家吆喝起来，“又脆又甜的胡萝卜，快来买呀！”可是大家犹豫了一下，转身走了。

比赛结束的时间到了，两只兔子一比，发现还是大兔赢了。二兔再也找不到耍赖的借口，只好甘拜下风。

兔爸爸让大兔分享一下卖胡萝卜的经验，大兔说因为它有一件“宝贝”。

“什么？用宝贝卖胡萝卜？”二兔一下子来了精神。

大兔继续说道：“我的‘宝贝’是一块看不见的‘磁铁’。”

“磁铁？什么磁铁？”这下，兔爸爸和二兔都愣住了。磁铁和卖胡萝卜能有什么关系呢？

“磁铁只是比喻啦！我发现大家的胡萝卜都卖 5 元 1 斤，我就卖 4.95

元，大家就抢着买我的，这个价格就像是个超级磁铁，把大家都吸引过来了。”大兔眉飞色舞，连说带比画。

“哈哈，大兔果然很有生意头脑，不愧是商业奇才的儿子。”兔爸爸点头称赞，顺便夸了一下自己。

二兔撇撇嘴：“你卖 4.95 元，我卖 5 元，因为差 5 分钱，大家就爱买你的胡萝卜，这是什么奇怪的道理？”

“不不不，千万别小看这 5 分钱，就算只差一分钱，都能促进顾客购买，这里面可有学问了。”兔爸爸解释道，“4.95 元的确只比 5 元便宜了 5 分钱，但顾客会觉得胡萝卜是 4 块多钱而不是 5 块钱，心理上会产生‘东西好便宜’的感觉。大家看到价格带零头，就认为大兔在定价的时候非常用心，更愿意相信价格已经很接近成本，并没有赚太多钱，购买不会吃亏。这样一来，大兔的胡萝卜当然就更好卖喽。虽然单价低了一点点，但是卖得更多，赚到的总利润也更多了。”

“原来是这样，难怪我会输给大兔。”二兔终于服气了，向大兔伸出大拇指。这时它才留意到自家的蔬菜超市里，也有很多商品是这样定价的：包菜 1.98 元 / 斤、辣椒 2.98 元 / 斤、土豆 3.6 元 / 斤、大米 3.99 元 / 斤……二兔还发现，这些价格里以“8”字为尾数的特别多，

它问兔爸爸这是怎么回事?

“这就是风俗了，咱们可是中国的兔子，在中国的传统文化里，8和发财的‘发’谐音，很吉利。还有6，也是吉利数字。商家和顾客都喜欢这些数字，在商品价格里使用它们能促进销售哦。”兔爸爸说。

听了兔爸爸的一番讲解，二兔对隐藏在价格里的学问产生了兴趣，打算以后再实践一次。

突然，二兔一拍脑袋：“哦，对了，爸爸，你说赢了有奖励，输了有惩罚，都是什么呀？”

“奖励嘛，我还没想好，先欠着呗。”兔爸爸接着扭头看向二兔，笑着说道，“不过呢，怎么惩罚我倒是想好了。”

“爸爸，你笑得我好害怕呀……”二兔一溜烟跑了。你能猜出兔爸爸打算怎样惩罚输了比赛的二兔吗?

识破商家的价格“戏法”

亲爱的小朋友，逛超市的时候，你有没有注意到很多东西的价格都不是整数。比如：3.99 元、7.86 元、99 元，还有网店常用的“9 块 9 包邮”。这种在价格尾数上做文章的定价方法叫尾数定价法，是商家常用的一种促销手段。虽然它们相比 4 元、8 元、10 元、100 元这些临近的整数价格，只有很小的差别，却能影响人们对商品价格的印象，让消费者感觉比整数价格便宜了“一档”（比如 99 元这个价格，给人的心理感受是“90 多元”，而不是 100 元），从而提高了消费者的购买欲望，这就是尾数定价法的妙用。

但是，尾数定价法可不是万能的，它更适合那些价格不高的东西，而高档商品、名牌商品，使用整数定价效果会更好。比如，价格 30 万元的小汽车和价格 28.5 万的小汽车相比，30 万元会给人一种货真价实、品质更好的感受。

商家在定价时不但爱用带零头的尾数，有时也故意不用整数标注商品重量。比如把一袋糖的净重标成 486 克而不是 500 克，再加上一个不是整数的价格，比如 12.63 元，消费者想要比较同类商品哪个更划算就很麻烦，这样有助于商家获得更高的利润。

了解了商家的价格“戏法”，我们买东西时就要多留意，不要因为商品的价格比整数少了一点就觉得便宜，一冲动买了原本不那么需要的东西，或者买得太多，最后又用不完，造成浪费。

引申思考

有家饭店推出了一道新菜，定价 30 元，结果每天只能卖掉几份。后来把价格改成了 32 元，反而能日销好几十份。想一想，这是为什么？

知识延伸 | 明码实价

释义： 公开标明商品价格或收费标准。

解读： 卖的商品种类少，一般不用明码标价，你问我答就行。但是商品种类繁多的大卖场就必须明码标价，以避免顾客问价和讨价还价，大大提升了交易的效率。